2025

你好吗

在自己的时间里开自己的花

十三

乙巳年春

2025 | 1月 | 星期三

01

元旦

甲辰年腊月初二

我希望大家无论通过什么方法，都能挣到足够的钱，去旅行，去闲着，去思考世界的过去和未来，去看书做梦，去街角闲逛，让思绪的钓线深深沉入街流之中。

《一间只属于自己的房间》

【英国】弗吉尼亚·伍尔夫

By hook or by crook, I hope that you will possess yourselves of money enough to travel and to idle, to contemplate the future or the past of the world, to dream over books and loiter at street corners and let the line of thought dip deep into the stream.

2025 | 1月 | 星期四

02

甲辰年腊月初三

我坚信自然选择是物种演变的最主要，
但并非唯一的手段。

《物种起源》
【英国】查尔斯·罗伯特·达尔文

I am convinced that Natural Selection has been the main but not exclusive means of modification.

2025 | 1月 | 星期五

03

甲辰年腊月初四

凡事不可苟且，
而于饮食尤甚。

《随园食单》【清】袁枚

做什么事情都不能敷衍了事，对于饮食来说更是如此。

2025 | 1月 | 星期六

04

甲辰年腊月初五

当你想要某种东西时，
整个宇宙会合力助你实现愿望。

《牧羊少年奇幻之旅》
【巴西】保罗 · 柯艾略

When you want something, all the universe conspires in helping you to achieve it.

2025 | 1月 | 星期日

05

小寒

甲辰年腊月初六

小寒连大吕，欢鹊垒新巢。
拾食寻河曲，衔紫绕树梢。
霜鹰近北首，雊雉隐丛茅。
莫怪严凝切，春冬正月交。

《咏廿四气诗·小寒十二月节》
【唐】元稹

2025 | 1月 | 星期一

06

甲辰年腊月初七

布衣菜饭，可乐终身。

《浮生六记》【清】沈复

粗茶淡饭，可顺遂一生。

2025 | 1月 | 星期二

07

甲辰年腊月初八

人，真是奇怪，

没有外人来证明你，

就往往看不出自己的价值。

《撒哈拉的故事》三毛

2025 | 1月 | 星期三

08

甲辰年腊月初九

好好生活，

好好大笑，

好好做梦……

这都将是一场伟大的冒险。

《外婆的道歉信》

【瑞典】弗雷德里克·巴克曼

Live and laugh and dream and being new fairytales to Miamas...it's going to be a grate adventure anyways.

2025 | 1月 | 星期四

09

甲辰年腊月初十

每当你要批评别人，

要记住，

世上不是每个人都有你这么好的条件。

《了不起的盖茨比》

【美国】弗朗西斯·斯科特·基·菲茨杰拉德

Whenever you feel like criticizing any one , just remember that all the people in this world haven't had the advantages that you've had.

2025 | 1月 | 星期五

10

甲辰年腊月十一

过去是一个幽灵，虚无缥缈，没什么影响力。只有未来才有分量。

《你当像鸟飞往你的山》

【美国】塔拉·韦斯特弗

The past was a ghost, insubstantial, unaffecting. Only the future had weight.

2025 | 1月 | 星期六

11

甲辰年腊月十二

人生意义的大小，
不在乎外界的变迁，
而在乎内心的经验。

《德伯家的苔丝》
【英国】托马斯 · 哈代

The magnitude of lives is not as to their external displacements, but as to their subjective experiences.

2025 | 1月 | 星期日

12

甲辰年腊月十三

每件事都有寓意，

就看你能不能发现。

《爱丽丝梦游仙境》

【英国】刘易斯·卡罗尔

Everything's got a moral, if only you can find it.

2025 | 1月 | 星期一

13

甲辰年腊月十四

只有当一切结束了，你才会开始想念他。

《都柏林人》

【爱尔兰】詹姆斯 · 乔伊斯

It's when it's all over that you'll miss him.

2025 | 1月 | 星期二

14

甲辰年腊月十五

有三种质朴而又十分强烈的激情
一直支配着我的人生，
这就是对爱的渴望、
对知识的求索
和对人类苦难的无限怜悯。

《三种激情》

【英国】伯特兰 · 阿瑟 · 威廉 · 罗素

Three passions, simply but overwhelmingly strong, have governed my life: the longing for love, the search for knowledge, and unbearable pity for the suffering of mankind.

2025 | 1月 | 星期三

15

甲辰年腊月十六

日头没有辜负我们，
我们也切莫辜负日头。

《边城》沈从文

2025 | 1月 | 星期四

16

甲辰年腊月十七

人不是为了失败而生的。

一个人可以被毁灭，
但不能被打败。

《老人与海》

【美国】欧内斯特·米勒尔·海明威

But a man is not made for defeat. A man can be destroyed but not defeated.

2025 | 1月 | 星期五

17

甲辰年腊月十八

追风赶月莫停留，平芜尽处是春山。

《华夏说》

【明】田歆

一路追风赶月，不要停下脚步，

因为长满草木的平原尽头，矗立着一座座的春山。

2025 | 1月 | 星期六

18

甲辰年腊月十九

为你，千千万万遍。

For you, a thousand times over.

《追风筝的人》

【美国】卡勒德·胡赛尼

2025 | 1月 | 星期日

19

甲辰年腊月二十

我是特为来告诉你，
我觉得现在你比年轻的时候更美，
与你那时的面貌相比，我更爱你现在备受摧残的面容。

《情人》
【法国】玛格丽特 · 杜拉斯

I want to tell you I think you're more beautiful now than then. Rather than your face as a young woman, I prefer your face as it is now. Ravaged.

2025 | 1月 | 星期一

20

大寒

甲辰年腊月廿一

雪者阴之类，大寒之所为。
于人无暖意，著物有消时。
万草若相畏，孤松亦自持。
閒阶不须扫，日照与风吹。

《咏雪》

【北宋】徐积

2025 | 1月 | 星期二

21

甲辰年腊月廿二

不管怎么样，

明天又是新的一天。

《飘》

【美国】玛格丽特 · 米切尔

After all, tomorrow is another day.

2025 | 1月 | 星期三

22

甲辰年腊月廿三

热情最会伪装，须知欲盖反而弥彰；
犹如乌云越黑，越显示会引来风暴雨狂。

《唐璜》

【英国】乔治·戈登·拜伦

But passion most dissembles, yet betrays
Even by its darkness; as the blackest sky
Foretells the heaviest tempest.

2025 | 1月 | 星期四

23

甲辰年腊月廿四

死生契阔　与子成说
执子之手　与子偕老

《诗经》

一同生死不分离，我们早已立誓言。
与你的双手交相执握，伴着你一起垂垂老去。

2025 | 1月 | 星期五

24

甲辰年腊月廿五

做人不能忘记四条，

话不要说错，

床不要睡错，

门槛不要踏错，

口袋不要摸错。

《活着》

余华

2025 | 1月 | 星期六

25

甲辰年腊月廿六

我知道你愚蠢、轻浮、没有头脑，但是**我爱你**。我知道你的目标和理想既庸俗又普通，但是**我爱你**。我知道你是二流货色，但是**我爱你**。

《面纱》

【英国】威廉·萨默塞特·毛姆

I knew you were silly and frivolous and empty-headed. But I loved you. I knew that your aims and ideals were vulgar and commonplace. But I loved you. I knew that you were second-rate. But I loved you.

2025 | 1月 | 星期日

26

甲辰年腊月廿七

绝不能心存幻想，认为能找到万全之策！

《君主论》

【意大利】尼科洛 · 马基雅维利

One never seeks to avoid one trouble without running into another.

2025 | 1月 | 星期一

27

甲辰年腊月廿八

假作真时真亦假，
无为有处有还无。

《红楼梦》

【清】曹雪芹

把真实的视为假的，时间久了假的便成了真实的。
把不存在的东西说成是存在的东西时，那捏造的事实终将还是虚假的。

2025 | 1月 | 星期二

28

除夕

甲辰年腊月廿九

除夕夜家家灯火通宵，不许间断，鞭炮声日夜不绝。在外边做事的人，除非万不得已，必定赶回家来吃团圆饭。这一夜，除了很小的孩子，没有什么人睡觉，都要守岁。

《北京的春节》老舍

2025 | 1月 | 星期三

29

春节

乙巳年正月初一

爆竹声中一岁除，春风送暖入屠苏。
千门万户曈曈日，总把新桃换旧符。

《元日》

【北宋】王安石

2025 | 1月 | 星期四

30

乙巳年正月初二

人类的全部智慧就包含在这五个字里面：

等待和希望！

《基督山伯爵》

【法国】亚历山大·仲马

All human wisdom is contained in these two words — Wait and Hope.

2025 | 1月 | 星期五

31

乙巳年正月初三

说到底，爱情是一种本能。

要么生下来就会，要么永远都不会。

《霍乱时期的爱情》

【哥伦比亚】加夫列尔·加西亚·马尔克斯

Love, no matter what else it might be, was a natural talent. You are either born knowing how, or you never know.

2025 | 2月 | 星期六

01

乙巳年正月初四

哲学家们只是用不同方式解释世界，
而问题在于改变世界。

《关于费尔巴哈的提纲》
【德国】卡尔 · 海因里希 · 马克思

The philosophers have only interpreted the world in various ways; the point however is to change it.

2025 | 2月 | 星期日

02

乙巳年正月初五

永远的年轻，永远的热泪盈眶。

O ever youthful, O ever weeping.

《达摩流浪者》

【美国】杰克·凯鲁亚克

2025 | 2月 | 星期一

03

立春

乙巳年正月初六

三年流落巴山道，破尽春衫尘满帽。
身如西瀼渡头云，愁抵瞿塘关上草。
春盘春酒年年好，试戴银旛判醉倒。
今朝一岁大家添，不是人间偏我老。

《木兰花·立春日作》
【南宋】陆游

2025 | 2月 | 星期二

04

乙巳年正月初七

人与人之间，
最痛心的事莫过于
在你认为理应获得善意和友谊的地方，
却遭受了烦扰和损害。

《巨人传》
【法国】弗朗索瓦·拉伯雷

There cannot arise amongst men a juster cause of grief than when they receive hurt and damage, where they may justly expect for favour and good will.

2025 | 2月 | 星期三

05

乙巳年正月初八

做一个世界的水手，

奔赴所有的码头。

To be a sailor of the world, bound for all ports.

《草叶集》

【美国】沃尔特 · 惠特曼

2025 | 2月 | 星期四

06

乙巳年正月初九

人类诞生在宇宙一隅，命运早已注定与之紧密相连。我们最寻常、最琐碎的事务，都可以追溯到宇宙及其起源。

《宇宙》

【美国】卡尔·爱德华·萨根

We are, in a very real and profound sense, a part of that Cosmos, born from it, our fate deeply connected with it. The most basic human events and the most trivial trace back to the universe and its origins.

2025 | 2月 | 星期五

07

乙巳年正月初十

愿探索能拓宽你们的想象并孕育出

最少见、最卓越的美德——**谦虚**。

《平面国》

【英国】埃德温·艾伯特

To the enlargement of the imagination,and the possible development of that most rare and excellent gift of modesty among the superior races of solid humanity.

2025 | 2月 | 星期六

08

乙巳年正月十一

情不知所起，一往而深。

《牡丹亭》

【明】汤显祖

情在不知不觉中被激发起来，而且越来越深。

2025 | 2月 | 星期日

09

乙巳年正月十二

无须概念而普遍地让人喜欢的东西，
就是美的。

《判断力批判》

【德国】伊曼努尔·康德

The beautiful is that which, without concepts, is represented as the object of a universal satisfaction.

2025 | 2月 | 星期一

10

乙巳年正月十三

假如生活欺骗了你，
不要悲伤，不要心急！
忧郁的日子里须要镇静：
相信吧，快乐的日子将会来临！

《假如生活欺骗了你》
【俄国】亚历山大·谢尔盖耶维奇·普希金

If by life you were deceived,
Don't be dismal, don't be wild!
In the day of grief, be mild:
Merry days will come, believe.

2025 | 2月 | 星期二

11

乙巳年正月十四

这不是会心的微笑，而是发自肺腑的爽朗的笑声。这笑声悠扬而清脆，温和而热情；它好像有极大的感染力，一听到它，顿觉满室生春，连

一桌一椅都仿佛充满了生气，

一花一草都仿佛洋溢出活力。

《爽朗的笑声》

季羡林

2025 | 2月 | 星期三

12

元宵

乙巳年正月十五

去年元夜时，花市灯如昼。月上柳梢头，人约黄昏后。

今年元夜时，月与灯依旧。不见去年人，泪湿春衫袖。

《生查子 · 元夕》

【北宋】欧阳修

2025 | 2月 | 星期四

13

乙巳年正月十六

宇宙不可能是静态的；它只能处于膨胀或收缩之中，两者必居其一。接下来的推论是，在 100 亿到 200 亿年之前的某个时间，宇宙的密度为无穷大。这一时刻称为大爆炸，宇宙应该由此诞生。

《宇宙简史》

【英国】斯蒂芬 · 威廉 · 霍金

The universe could not be static; it had to be either expanding or contracting. This, in turn, implied that there must have been a time between ten and twenty billion years ago when the density of the universe was infinite. This is called the big bang.It would have been the beginning of the universe.

2025 | 2月 | 星期五

14

乙巳年正月十七

在我荒瘠的土地上，你是最后的玫瑰。

In my barren land you are the final rose.

《二十首情诗和一首绝望的歌》

【智利】巴勃罗·聂鲁达

2025 | 2月 | 星期六

15

乙巳年正月十八

世上的人遍地都是，
说得着的人千里难寻。

《一句顶一万句》刘震云

2025 | 2月 | 星期日

16

乙巳年正月十九

对世事我向来漠不关心，
我积极而清醒地思考着，
可是一旦生活粗暴地碰我一下，
我就垂头丧气。

《第六病室》

【俄国】安东·巴甫洛维奇·契诃夫

I used to be indifferent, I argued forcefully and sensibly, but it only needed some hard knocks from life for me to lose heart… and I buckled.

2025 | 2月 | 星期一

17

乙巳年正月二十

我的心志能够不为外界扰乱，
并非我有勇气置外物于不顾，
只不过是我害怕外物，
自己束缚了手脚罢了。

《舞姬》
【日本】森鸥外

2025 | 2月 | 星期二

18

雨水

乙巳年正月廿一

天街小雨润如酥，草色遥看近却无。

最是一年春好处，绝胜烟柳满皇都。

《早春呈水部张十八员外》

【唐】韩愈

2025 | 2月 | 星期三

19

乙巳年正月廿二

成长这件事，

总是那么**神秘莫测**又**出人意料**。

只因为我们不大留意，

才没有时常感到惊讶。

《窄门》

【法国】安德烈·纪德

Growth is always so mysterious and surprising; it is through failure of attention that we are not oftener astonished at it.

2025 | 2月 | 星期四

20

乙巳年正月廿三

既然非做不可，
那就
最好
做得彻底些。

《绿山墙的安妮》
【加拿大】露西·莫德·蒙哥玛利

I thought since I had to do it I might as well do it thoroughly.

2025 | 2月 | 星期五

21

乙巳年正月廿四

我的灵魂与我之间的距离如此遥远，
而我的存在却如此真实。

《婚礼集》

【法国】阿尔贝·加缪

And never have I felt so deeply at one and the same time so detached from myself and so present in the world.

2025 | 2月 | 星期六

22

乙巳年正月廿五

她那时候还太年轻，不知道所有命运赠予的礼物，早已在暗中标好了价格。

《断头王后》

【奥地利】斯蒂芬·茨威格

She was still too young to know that life never gives anything for nothing, and that a price is always exacted for what fate bestows.

2025 | 2月 | 星期日

23

乙巳年正月廿六

爱是一种活动，不是消极的情绪；
它是“永恒的”，而不是“堕入情网”。

Love is an activity,
not a passive affect;
it is a "standing in",
not a "falling for".

《爱的艺术》
【美国】埃里希·弗罗姆

2025 | 2月 | 星期一

24

乙巳年正月廿七

利用一切可能的办法来保卫我们自己。

By all means we can, to defend our selves.

《利维坦》

【英国】托马斯·霍布斯

2025 | 2月 | 星期二

25

乙巳年正月廿八

有花有酒春常在，
无烛无灯夜自明。

《聊斋志异》

【清】蒲松龄

要有花有酒的地方，就算时令不是春天，也和春天到时一样。虽然无灯无烛，但是只要有明月照耀就可以。

2025 | 2月 | 星期三

26

乙巳年正月廿九

在野蛮社会，
热情待客是一种美德，
在文明社会，却成了一种商品。

《悲惨世界》

【法国】维克多 · 雨果

Most profoundly and in the most modern way, something that is a virtue among barbarians and an item of merchandise among civilized peoples—hospitality.

2025 | 2月 | 星期四

27

乙巳年正月三十

人生的舞台上也是如此。

有人做皇帝，有人做教皇；

反正戏里的角色样样都有。他们活了一辈子，演完这出戏，死神剥掉各种角色的戏装，大家在坟墓里也都是一样的了。

《堂吉诃德》

【西班牙】米格尔·德塞万提斯·萨维德拉

"Why, the very same thing," said Don Quixote, "happens on the stage of this world, whereon some play the part of emperors, others of popes; in short, all the parts that can be introduced in a comedy. But in the conclusion, that is, at the end of our life, death strips us of the robes, which made the difference, and we remain upon the level and equal in the grave."

2025 | 2月 | 星期五

28

乙巳年二月初一

要生活，就生活在大海里，只有海洋里才有名副其实的独立！在这里，我不需要承认什么主宰；在这里，我享受着充分的自由！

《海底两万里》

【法国】儒勒·凡尔纳

Ah! Sir, live-live in the bosom of the waters! There only is independence! There I recognize no masters! There I am free!

2025 | 3月 | 星期六

01

乙巳年二月初二

人生而自由，但却无往不在枷锁之中。

《社会契约论》

【法国】让·雅克·卢梭

Man is born free and everywhere he is in chains.

2025 | 3月 | 星期日

02

乙巳年二月初三

你的欢乐或忧伤一变大，

世界在你的眼里就变小了。

《沙与沫》

【黎巴嫩】纪伯伦·哈利勒·纪伯伦

When either your joy or your sorrow becomes great the world becomes small.

2025 | 3月 | 星期一

03

乙巳年二月初四

多瓦悠人相信轮回。他们解释：

轮回过程就像加路亚的啤酒。人是啤酒瓶，必须注满灵魂。死亡后埋葬，就像空酒瓶送回工厂。

《天真的人类学家》

【英国】奈吉尔·巴利

The Dowayos believed in reincarnation. It was like the beer at Garoua, they explained; people were like bottles that had to be filled with spirit. When they died and were buried, it was like sending the empty bottle back to the factory.

2025 | 3月 | 星期二

04

乙巳年二月初五

我们全都有一个弱点，那就是对自己怀有几分爱怜宽宥之心，我们总巴不得找到一个什么熟人做出气筒，在他的身上发泄自己的恼恨。

《死魂灵》

【俄国】尼古莱 · 瓦西里耶维奇 · 果戈理 · 亚诺夫斯基

We all have a little weakness for sparing ourselves somewhat, and prefer to try and find some neighbor on whom to vent our vexation.

2025 | 3月 | 星期三

05

惊蛰

乙巳年二月初六

闻道新年入山里，蛰虫惊动春风起。
天子须尝阳羡茶，百草不敢先开花。

《走笔谢孟谏议寄新茶》
【唐】卢仝

2025 | 3月 | 星期四

06

乙巳年二月初七

物体的运动完全无损于上帝；
无处不在的上帝也不阻碍物体的运动。

《自然哲学的数学原理》
【英国】艾萨克 · 牛顿

God suffers nothing from the motion of bodies; bodies find no resistance from the omnipresence of God.

2025 | 3月 | 星期五

07

乙巳年二月初八

那么我究竟是什么呢？是一个在思维的东西。什么是一个在思维的东西呢？那就是说，

一个

在怀疑，在领会，在感受，在肯定，在否定，在愿意，在拒绝，也在想象，在感觉的东西。

《沉思录》

【法国】勒内·笛卡尔

But what then am I? A thing which thinks. What is a thing which thinks? It is a thing which doubts, understands, conceives, affirms, denies, wills, refuses, which also imagines and feels.

2025 | 3月 | 星期六

08

妇女节

乙巳年二月初九

女人，她们有思想、有灵魂，
也有感情；
她们同样拥有志向、才华，不单单
只是漂亮。
我厌倦别人说，女人只懂谈情说爱。

《小妇人》
【美国】路易莎·梅·奥尔科特

Women, they have minds, and they have souls, as well as just hearts. And they've got ambition, and they've got talent, as well as beauty, and I'm so sick of people saying that love is just all a woman is fit for.

2025 | 3月 | 星期日

09

乙巳年二月初十

事实上，
在无穷数的世界里，**部分可能等于整体！**

《从一到无穷大》
【美国】乔治·伽莫夫

In fact in the world of infinity a part may be equal to the whole!

2025 | 3月 | 星期一

10

乙巳年二月十一

当你在等着什么事情发生，
等着什么孵出来时，
生活总是一段稳定充实的时光。

《夏洛的网》
【美国】埃尔文·布鲁克斯·怀特

Life is always a rich and steady time when you are waiting for something to happen or to hatch.

2025 | 3月 | 星期二

11

乙巳年二月十二

人生有多奇怪啊！

我们急于摆脱的正是我们想要追求的命运。

《洛丽塔》

【美国】弗拉基米尔 · 纳博科夫

How queer life is! We hasten to alienate the very fates we intended to woo.

2025 | 3月 | 星期三

12

乙巳年二月十三

知识变得越**抽象**复杂，
产生**疯癫**的危险性就越大。

《疯癫与文明》
【法国】米歇尔 · 福柯

The more abstract or complex knowledge becomes, the greater the risk of madness.

2025 | 3月 | 星期四

13

乙巳年二月十四

当一个人想象着他所爱的对象感到快乐或痛苦时，
他也将随之感到快乐和愁苦；
爱者所感快乐或痛苦之大小和被爱的对象所感到的
快乐或痛苦的大小是一样的。

《伦理学》

【荷兰】巴鲁赫·德·斯宾诺莎

He who conceives, that an object of his hatred is painfully affected, will feel pleasure. Contrariwise, if he thinks that the said object is pleasurably affected, he will feel pain. Each of these emotions will be greater or less, according as its contrary is greater or less in the object of hatred.

2025 | 3月 | 星期五

14

乙巳年二月十五

无视完美而只爱旅行的海鸥往往飞得特别慢，最后哪儿都去不成；而追求完美无意于旅行的海鸥，却能去往任何地方。

《海鸥乔纳森》

【美国】理查德·巴赫

The gulls who scorn perfection for the sake of travel go nowhere, slowly. Those who put aside travel for the sake of perfection go anywhere, instantly.

2025 | 3月 | 星期六

15

乙巳年二月十六

春天是祭坛上空漂浮着的鸽子的哨音，

夏天是冗长的蝉歌和杨树叶子哗啦啦地对蝉歌的取笑，

秋天是古殿檐头的风铃响，

冬天是啄木鸟空旷的啄木声。

《我与地坛》

史铁生

2025 | 3月 | 星期日

16

乙巳年二月十七

要是人类停止锻炼嘴唇的话，

他们的大脑就会开始工作。

《银河系搭车客指南》

【英国】道格拉斯 · 亚当斯

If they don't keep on exercising their lips, he thought, their brains start working.

2025 | 3月 | 星期一

17

乙巳年二月十八

从前种种，譬如

昨日死；

从后种种，譬如

今日生。

《了凡四训》袁了凡

2025 | 3月 | 星期二

18

乙巳年二月十九

如果我们把自己最珍贵的东西，不求回报地献给我们深爱的人，那样的话世界就会美好了。

《纯真博物馆》

【土耳其】费利特·奥尔罕·帕慕克

If we give what we treasure most to a being we love with all our hearts, if we can do that without expecting anything in return, then the world becomes a beautiful place.

2025 | 3月 | 星期三

19

乙巳年二月二十

喜欢永远沉浸在虚无之中，
还不如快点珍惜眼前的一切。

《尼尔斯骑鹅旅行记》
【瑞典】塞尔玛·拉格洛夫

They are more happy over the Visby that exists, than over a magnificent Vineta at the bottom of the sea.

2025 | 3月 | 星期四

20

春分

乙巳年二月廿一

日月阳阴两均天，玄鸟不辞桃花寒。
从来今日竖鸡子，川上良人放纸鸢。

《春分》

【唐】刘长卿

2025 | 3月 | 星期五

21

乙巳年二月廿二

你对人人都喜欢，

也就是说，你对人人都漠然。

《道林·格雷的画像》

【爱尔兰】奥斯卡·王尔德

You like every one ,that is to say ,you are indifferent to every one.

2025 | 3月 | 星期六

22

乙巳年二月廿三

这是幻觉，还是梦？
歌声远了——
我是在睡，还是醒？

《夜莺颂》
【英国】约翰 · 济慈

Was is a vision, or a waking dream?
Fled is that music — Do I wake or sleep?

2025 | 3月 | 星期日

23

乙巳年二月廿四

人到了二十岁，认识世界，认识自己对世界能起的作用，比什么都重要。

《红与黑》
【法国】司汤达

When one is twenty the idea of the world and the figure to be cut in it dominate everything.

2025 | 3月 | 星期一

24

乙巳年二月廿五

幸福的家庭家家相似，
不幸的家庭各个不同。

《安娜 · 卡列尼娜》
【俄国】列夫 · 尼古拉耶维奇 · 托尔斯泰

Happy families are all alike; every unhappy family is unhappy in its own way.

2025 | 3月 | 星期二

25

乙巳年二月廿六

在春天容易别离，

在春天，幸福的人也会被吸引到远方去……

《猎人笔记》

【俄国】伊凡·谢尔盖耶维奇·屠格涅夫

In spring it is easy to part; in spring even the happy are drawn away to the distance....

2025 | 3月 | 星期三

26

乙巳年二月廿七

时间让一切都变得卑贱、可鄙，满面褶皱。
人生的悲剧，不在于美丽之物英年早逝，而在于他们会变得衰老，变得刻薄。

《漫长的告别》
【美国】雷蒙德·钱德勒

Time makes everything mean and shabby and wrinkled. The tragedy of life is not that the beautiful things die young, but that they grow old and mean.

2025 | 3月 | 星期四

27

乙巳年二月廿八

天亮之前有一个时间是非常暗的，

星也没有，

月亮也没有。

《子夜》茅盾

2025 | 3月 | 星期五

28

乙巳年二月廿九

在无穷无尽的工作日里，
忧伤就是节日，
闹火灾就是逗乐；
在一无所有的脸上，连伤痕也是点缀。

《童年》

【俄国】马克西姆 · 高尔基

In the monotony of everyday existence grief comes as a holiday, and a fire is an entertainment. A scratch embellishes an empty face.

2025 | 3月 | 星期六

29

乙巳年三月初一

你知道，有些鸟儿是注定不会被关在牢笼里的，它们的每一片羽毛都闪耀着自由的光辉。

《肖申克的救赎》

【美国】斯蒂芬·埃德温·金

You know some birds are not meant to be caged, their feathers are just too bright.

2025 | 3月 | 星期日

30

乙巳年三月初二

生前诚可憎，死后皆可爱。

《源氏物语》

【日本】紫式部

2025 | 3月 | 星期一

31

乙巳年三月初三

我越是孤独，

越是没有朋友，

越是没有支持，

我就越尊重我自己。

《简·爱》

【英国】夏洛蒂·勃朗特

The more solitude, the more friendless, the more unsustained I am, the more I will respect myself.

2025 | 4月 | 星期二

01

乙巳年三月初四

一辈子是一辈子。

差一年、一个月、

一天、一个时辰，

都不能算“一辈子”。

《霸王别姬》李碧华

2025 | 4月 | 星期三

02

乙巳年三月初五

眼看他起朱楼，
眼看他宴宾客，
眼看他楼塌了。

《桃花扇》
【清】孔尚任

看着人家建起那栋美丽的楼阁，看着人家在楼阁上宴请宾客，一直看到那楼阁倒塌了。

2025 | 4月 | 星期四

03

乙巳年三月初六

我们之所以研究历史，不是为了要知道未来，而是要拓展视野，要了解现在的种种绝非“自然”，也并非无可避免。未来的可能性远超过我们的想象。

《人类简史》

【以色列】尤瓦尔·诺亚·赫拉利

We study history not to know the future but to widen our horizons, to understand that our present situation is neither natural nor inevitable, and that we consequently have many more possibilities before us than we imagine.

2025 | 4月 | 星期五

04

清明

乙巳年三月初七

清明时节雨纷纷，
路上行人欲断魂。
借问酒家何处有？
牧童遥指杏花村。

《清明》
【唐】杜牧

2025 | 4月 | 星期六

05

乙巳年三月初八

如果从坟墓外看人生，时光一瞬

其实就是全部光阴。

And one time is all time if you look at it out of the grave.

《嚎叫》

【美国】艾伦 · 金斯伯格

2025 | 4月 | 星期日

06

乙巳年三月初九

你知道，生活中有两件乐趣，

思想自由和行动自由。

《人生的枷锁》

【英国】威廉·萨默塞特·毛姆

You know, there are two good things in life, freedom of thought and freedom of action.

2025 | 4月 | 星期一

07

乙巳年三月初十

一个人如果一直接受爱的教育，按照这样的次序一一观察各种美的东西，直到这门爱的学问的结尾，就会突然发现一种务必奇妙的美者，即美本身。

《会饮篇》

【古希腊】柏拉图

Anyone who has been guided to this point in the study of love and has been contemplating beautiful things in the correct way and in the right sequence, will suddenly perceive, as he now approaches the end of his study, a beauty that is marvellous in its nature.

2025 | 4月 | 星期二

08

乙巳年三月十一

喜剧倾向于表现比今天的人差的人，
悲剧则倾向于表现比今天的人好的人。

《诗学》

【古希腊】亚里士多德

The very same difference makes the distinction between tragedy and comedy: the latter aims to represent people as worse, and the former as better, than people nowadays are.

2025 | 4月 | 星期三

09

乙巳年三月十二

也许你我终将行踪不明，
但是你该知道我曾为你动情。

Neither one knowing where the other goes,
O you I might have loved, as well you know!

《给一位过路女子》

【法国】夏尔 · 皮埃尔 · 波德莱尔

2025 | 4月 | 星期四

10

乙巳年三月十三

那是最美好的时代，那是最糟糕的时代。

It was the best of times, it was the worst of times.

《双城记》

【英国】查尔斯·狄更斯

2025 | 4月 | 星期五

11

乙巳年三月十四

我以为，
见到一种差别，
就以为这里有优劣之分。

这是一种市侩心理。

《沉默的大多数》王小波

2025 | 4月 | 星期六

12

乙巳年三月十五

如果人们在罪恶中相爱，
就应该爱到骨节都嘎嘎发响的程度。

《为了一夜的爱》
【法国】爱弥尔 · 左拉

If people love each other in sin, then their love should be so profound that it resonates down to the marrow of their bones.

2025 | 4月 | 星期日

13

乙巳年三月十六

凡世间安乐，
皆须经由困苦而得。

《我是猫》

【日本】夏目漱石

2025 | 4月 | 星期一

14

乙巳年三月十七

如果身体不是一件东西，它就是一种处境：
它是
我们对世界的掌握 和 我们的计划的草图。

《第二性》

【法国】西蒙娜·德·波伏娃

If the body is not a thing, it is a situation: it is the instrument of our grasp upon the world.

2025 | 4月 | 星期二

15

乙巳年三月十八

亲爱的伊莎贝尔，
活着更好一些，因为生活中有爱。
死虽然好，但死中没有爱。

《一位女士的画像》
【美国】亨利·詹姆斯

Dear Isabel, life is better; for in life there's love. Death is good — but there's no love.

2025 | 4月 | 星期三

16

乙巳年三月十九

风雅，

就是发现存在的美，感觉已经发现的美。

《美的存在与发现》

【日本】川端康成

2025 | 4月 | 星期四

17

乙巳年三月二十

万物皆有裂痕，那是光照进来的地方。

There is a crack in everything, that's how the light gets in.

《赞美诗》

【加拿大】莱昂纳德 · 科恩

2025 | 4月 | 星期五

18

乙巳年三月廿一

除去谷物和其他靠人力种植的作物以外，所有的原始产品的价格（包括家畜家禽，猎物以及各种化石和矿物等）都会随社会进步逐渐昂贵。

《政治经济学及赋税原理》

【英国】大卫·李嘉图

If you except corn and the other vegetables which are raised by human industry, all the other kinds of coarse products - cattle, poultry, game of all kinds, the useful fossils and minerals the land,etc., naturally becomes more expensive as society progresses.

2025 | 4月 | 星期六

19

乙巳年三月廿二

此去经年，若再见到你，我将如何致你？
以沉默，以眼泪。

If I should see you, after long year.
How should I greet, with tears, with silence.

《春逝》

【英国】乔治·戈登·拜伦

2025 | 4月 | 星期日

20

谷雨

乙巳年三月廿三

谷雨如丝复似尘，煮瓶浮蜡正尝新。
牡丹破萼樱桃熟，未许飞花减却春。

《晚春田园杂兴》

【南宋】范成大

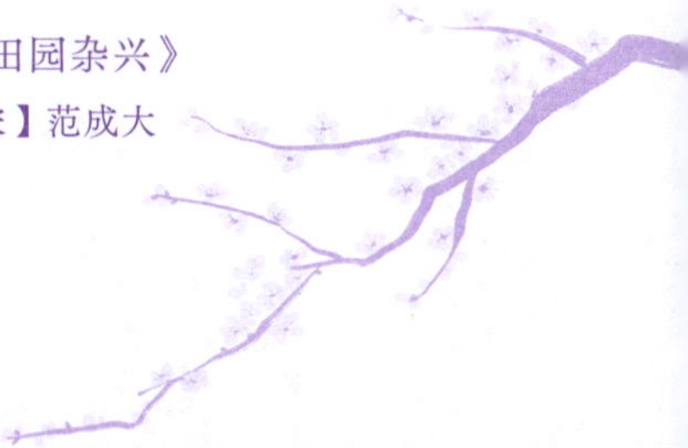

2025 | 4月 | 星期一

21

乙巳年三月廿四

这个世界上没有什么比知识更有价值了。
它能使人出人头地，也能使人品格高尚。

《汤姆索亚历险记》
【美国】马克·吐温

Knowledge is worth more than anything there is in the world; it's what makes great men and good men.

2025 | 4月 | 星期二

22

乙巳年三月廿五

哲学的义务曾经是消除源自误解的幻觉，
哪怕此际还有诸多备受赞扬和喜爱的妄想破灭。

《纯粹理性批判》

【德国】伊曼努尔·康德

The duty of philosophy was to abolish the semblance arising from misinterpretation, even if many prized and beloved delusions have to be destroyed in the process.

2025 | 4月 | 星期三

23

乙巳年三月廿六

在你忧伤的时候，天空会给你安慰。
可是忧伤太多，天空不够。
蝴蝶也不够，花儿也不够。
大多数美的东西都不够。
于是，我们取我们所能取，好好地享用。

《芒果街上的小屋》

【美国】桑德拉·希斯内罗丝

Sky can keep you safe when you are sad. Here there is too much sadness and not enough sky. Butterflies too are few and so are flowers and most things that are beautiful. Still, we take what we can get and make the best of it.

2025 | 4月 | 星期四

24

乙巳年三月廿七

我应该在每个我得到过快乐的地方都埋下一点宝贝。等我又老又丑又痛苦的时候，可以回到这些地方，把宝贝挖出来，回忆过去。

《故园风雨后》

【英国】伊夫林·沃

I should like to bury something precious in every place where I've been happy and then, when I was old and ugly and miserable, I could come back and dig it up and remember.

2025 | 4月 | 星期五

25

乙巳年三月廿八

当初的欲望已是记忆。

Desires are already memories.

《看不见的城市》

【意大利】伊塔洛 · 卡尔维诺

2025 | 4月 | 星期六

26

乙巳年三月廿九

正义只是起源于人的自私和有限的慷慨，以及自然为满足人类需要所准备的稀少的供应。

《人性论》

【英国】大卫 · 休谟

It's only from the selfishness and confined generosity of men, along with the scanty provision nature has made for his wants, that justice derives its origin.

2025 | 4月 | 星期日

27

乙巳年三月三十

也许

世界上也有五千朵和你一模一样的花，
但只有你是我独一无二的玫瑰。

《小王子》

【法国】安托万·德·圣·埃克苏佩里

Maybe there are five thousand roses in the world and you the same flower, but only you are my unique rose.

2025 | 4月 | 星期一

28

乙巳年四月初一

一个公正的愉快的两性的关系，全靠男女间的相依、平等与互相辅助的关系，不靠妇女的附庸与男子的优越。

《现代的女权运动》李大钊

2025 | 4月 | 星期二

29

乙巳年四月初二

对于不可言说之物，我们必须保持沉默。

What we cannot speak about we must pass over in silence.

《哲学研究》

【奥地利】路德维希·约瑟夫·约翰·维特根斯坦

2025 | 4月 | 星期三

30

乙巳年四月初三

沉湎于虚幻的梦想，而忘记现实的生活，这是毫无益处的，

千万记住。

《哈利波特与魔法石》

【英国】J.K. 罗琳

It does not do to dwell on dreams and forget to live, remember that.

2025 | 5月 | 星期四

01

劳动节

乙巳年四月初四

我觉得人生求乐的方法，最好莫过于尊重劳动。

一切乐境，都可由劳动得来；
一切苦境，都可由劳动解脱。

《现代青年活动的方向》
李大钊

2025 | 5月 | 星期五

02

乙巳年四月初五

不论在什么地方都要记住，过去都是假的，回忆没有归路，春天总是一去不返，最疯狂执着的爱情也终究是过眼云烟。

《百年孤独》

【哥伦比亚】加夫列尔·加西亚·马尔克斯

Wherever they might be they always remember that the past was a lie, that memory has no return, that every spring gone by could never be recovered, and that the wildest and most tenacious love was an ephemeral truth in the end.

2025 | 5月 | 星期六

03

乙巳年四月初六

日后回想起来，这个下午的每分每秒都是幸福的——当时只道平常，只以为是过往欢愉与未来欣悦间的无数平常时刻之一，然而，到了最后，它却变成了快乐本身。

《夜色温柔》

【美国】弗朗西斯·斯科特·菲茨杰拉德

Later she remembered all the hours of the afternoon as happy—one of those uneventful times that seem at the moment only a link between past and future pleasure but turn out to have been the pleasure itself.

2025 | 5月 | 星期日

04

青年节

乙巳年四月初七

纵有千古，横有八荒；
前途似海，来日方长。

《少年中国说》

梁启超

2025 | 5月 | 星期一

05

立夏

乙巳年四月初八

從教节序暗相催，历日尘生懒看来。
却是石榴知立夏，年年此日一花开。

《初夏即事十二解》
【南宋】杨万里

2025 | 5月 | 星期二

06

乙巳年四月初九

突如其来的狂喜，会如悲伤一般，叫人茫然无措。

For sudden joys, like griefs, confound at first.

《鲁滨孙漂流记》

【英国】丹尼尔·笛福

2025 | 5月 | 星期三

07

乙巳年四月初十

生如夏花之绚烂，死如秋叶之静美。

Let life be beautiful like summer flowers and death like autumn leaves.

《飞鸟集》

【印度】拉宾德拉纳特 · 泰戈尔

2025 | 5月 | 星期四

08

乙巳年四月十一

往常最坏的年月，也像值得留恋。
日子久了，成了习惯，自然而然，也就没有怨尤，只有怀念了。

《包法利夫人》

【法国】居斯塔夫 · 福楼拜

The worst days of the past as they reappeared to her seemed enviable. Everything was eclipsed by her instinctive grief for the loss of a long-enduring habit.

2025 | 5月 | 星期五

09

乙巳年四月十二

人成其为人，

正是因为他没有停滞在

纯自然造成他的那种样子。

《审美教育书简》

【德国】约翰·克里斯托弗·弗里德里希·冯·席勒

This is what makes him a man:

that he does not settle for what nature made of him.

2025 | 5月 | 星期六

10

乙巳年四月十三

食饮有节，
起居有常，
不妄作劳。

《黄帝内经》

饮食要适量，作息要有规律，不要过度劳累。

2025 | 5月 | 星期日

11

母亲节

乙巳年四月十四

到了一定的年龄，人生的所有疑惑几乎可以全部浓缩成一个问题：

应该如何生活？

《清单人生》

【瑞典】弗雷德里克·巴克曼

At a certain age almost all the questions a person asks him or herself are really just about one thing: how should you live your life?

2025 | 5月 | 星期一

12

乙巳年四月十五

我是大写的肉身，广阔而唱着歌，在此基础上，没人知道究竟是哪个“我”，反正总归是人，但首先是活生生的，因我总在变化。

《美杜莎的笑声》

【法国】埃莱娜 · 西苏

I am spacious, singing flesh, on which is grafted no one knows which I, more or less human, but alive because of transformation.

2025 | 5月 | 星期二

13

乙巳年四月十六

她后知后觉，这时才明白一个身边大部分人自童年起就懂的道理——即便没有什么了不起的成就，也可以心安理得地生活。

《传家之物》

【加拿大】爱丽丝·门罗

She was learning, quite late, what many people around her appeared to have known since childhood— that life can be perfectly satisfying without major achievements.

2025 | 5月 | 星期三

14

乙巳年四月十七

一切存在之形式，亦皆无不好。

《中国哲学史》

冯友兰

2025 | 5月 | 星期四

15

乙巳年四月十八

我们的社会人格其实是别人的思想创造出来的。

Our social personality is created by the thoughts of other people.

《追忆似水年华》

【法国】马塞尔·普鲁斯特

2025 | 5月 | 星期五

16

乙巳年四月十九

我从泰山归，携归一片云。
开匣忽相视，化作雨霖霖。

《人间草木》
汪曾祺

2025 | 5月 | 星期六

17

乙巳年四月二十

上善治水。水善利万物而有静。

《道德经 · 帛书版》

【春秋】老子

具有至高的“善”，就是安定之水。安定之水的“善”在于，有利于万物而又安然守静。

2025 | 5月 | 星期日

18

乙巳年四月廿一

天文学的世界统治我的思想。
与银河星系相比，我深深感到我们这个行星的渺小。

《我的哲学的发展》

【英国】伯特兰 · 阿瑟 · 威廉 · 罗素

The world of astronomy dominates my imagination and I am very conscious of the minuteness of our planet in comparison with the systems of galaxies.

2025 | 5月 | 星期一

19

乙巳年四月廿二

读书不得要领，劳而无功。

《书目答问·略例》

【清】张之洞

2025 | 5月 | 星期二

20

乙巳年四月廿三

人类的处境就是这一点可怕！
没有一宗幸福不是靠**糊涂**得来的。

《欧也妮 · 葛朗台》
【法国】奥诺雷 · 德 · 巴尔扎克

Frightful condition of the human race! There is no one of its joys that does not come from some species of ignorance.

2025 | 5月 | 星期三

21

小满

乙巳年四月廿四

一春多雨慧当悭，今岁还防似去年。
玉历检来知小满，又愁阴久碍蚕眠。

《自桃川至辰州绝句四十有二》
【南宋】赵蕃

2025 | 5月 | 星期四

22

乙巳年四月廿五

我不愿意在阅读未经过时间洗礼的书籍上面浪费时间。

人生短暂。

《挪威的森林》

【日本】村上春树

2025 | 5月 | 星期五

23

乙巳年四月廿六

不行，即便整个世界都支离破碎了，

我也决不低头让步。

《人民公敌》

【挪威】亨利克·易卜生

No, even if the whole world goes to pieces, I will never bow my neck to this yokel.

2025 | 5月 | 星期六

24

乙巳年四月廿七

也许你不会发光，但你是光的导体。
有些人虽然不是天才，但他却有激发天才的卓越能力。

《福尔摩斯探案集》
【英国】亚瑟·柯南·道尔

It may be that you are not yourself luminous, but you are a conductor of light. Some people without possessing genius have a remarkable power of stimulating it.

2025 | 5月 | 星期日

25

乙巳年四月廿八

落日的余晖从树林的缝隙里照射进来，照在覆盖着破旧船只的花朵上，闪闪发光，犹如珍珠一般。

《金银岛》

【英国】罗伯特·路易斯·史蒂文森

The last rays, I remember, falling through a glade of the wood, and shining bright as jewels, on the flowery mantle of the wreck.

2025 | 5月 | 星期一

26

乙巳年四月廿九

一个人无论穷富，都应该去**工作**和**劳动**，懒惰的人到头来只会两手空空。

《木偶奇遇记》

【意大利】卡洛·科洛迪

A man, remember, whether rich or poor, should do something in this world. No one can find happiness without work. Woe betide the lazy fellow!

2025 | 5月 | 星期二

27

乙巳年五月初一

只有快活、天真、无忧无虑的人才能飞。

《彼得·潘》

【英国】詹姆斯·马修·巴里

It is only the gay and innocent and heartless who can fly.

2025 | 5月 | 星期三

28

乙巳年五月初二

浮名浮利，一切虚空！

我们这些人里面谁是真正快活的？谁是称心如意的？就算当时遂了心愿，过后还不是照样不满意？

《名利场》

【英国】威廉·梅克比斯·萨克雷

Vanitas Vanitatum! Which of us is happy in this world? Which of us has his desire? Or, having it, is satisfied?

2025 | 5月 | 星期四

29

乙巳年五月初三

我的一生，就像那没有热度的火焰似的

——在我所经过的地方，估计也留下了一道痕迹吧。也许另一种风刮来，那道痕迹也会消失得无影无踪。不过，今后肯定会有类似于我的人，继续留下类似的痕迹。

《菜穗子》

【日本】堀辰雄

2025 | 5月 | 星期五

30

乙巳年五月初四

亲爱的玛丁，你说得对，

人生不过是些幻影和灾难。

《老实人》

【法国】伏尔泰

You are right, my dear Martin; you are certainly in the right: all is misery and deceit.

2025 5月 星期六

31

端午节

乙巳年五月初五

路漫漫其修远兮，吾将上下而求索。

《离骚》

【先秦】屈原

2025 | 6月 | 星期日

01

儿童节

乙巳年五月初六

大人总喜欢在孩子的身上去触到时间。

《呼兰河传》萧红

2025 | 6月 | 星期一

02

乙巳年五月初七

讲历史，更可叫人不武断。

因事情太复杂，利弊得失，历久始见，都摆开在历史上。

《中国历代政治得失》钱穆

2025 | 6月 | 星期二

03

乙巳年五月初八

他所待的地方尽管那样渺小，
他所梦想的光景却**非常远大**。

《无名的裘德》
【英国】托马斯·哈代

His dreams were as gigantic as his surroundings were small.

2025 | 6月 | 星期三

04

乙巳年五月初九

爱情浓厚的时候，情人就无处不美。

爱情淡薄的时候，美人就无处不平常。

《金粉世家》张恨水

2025 | 6月 | 星期四

05

芒种

乙巳年五月初十

时雨及芒种，四野皆插秧。
家家麦饭美，处处菱歌长。

《时雨》

【南宋】陆游

2025 | 6月 | 星期五

06

乙巳年五月十一

因为努力而引起的疲劳从来不会导致头痛，头痛是由厌倦、由冷冰冰的乏味造成。

《浮士德博士》

【英国】托马斯·曼

A headache would never arising out of the weariness of effort, but from surfeit, from cold boredom.

2025 | 6月 | 星期六

07

乙巳年五月十二

世上又有哪一个人会承认自己是不敢的?
这“**不愿**”两字,正是“**不敢**”的最好托词。

《绝代双骄》古龙

2025 | 6月 | 星期日

08

乙巳年五月十三

历史上的变化“不只是发生在表面上，而且发生在概念中。被改正的是概念本身”。

《历史与阶级意识》

【匈牙利】格奥尔格·卢卡奇

Change in history takes place "in the concept as well as on the surface. It is the concept itself which is corrected."

2025 | 6月 | 星期一

09

乙巳年五月十四

人生的长链不论是金铸的也好，铁打的也好，荆棘编成的也好，花朵串起来的也好，要不是你自己在终身难忘的某一天动手去制作那第一环，你也就根本不会过上这样的一生了。

《远大前程》

【英国】查尔斯 · 狄更斯

Pause you who read this, and think for a moment of the long chain of iron or gold, of thorns or flowers, that would never have bound you, but for the formation of the first link on one memorable day.

2025 | 6月 | 星期二

10

乙巳年五月十五

你是一树一树的花开，是燕
在梁间呢喃，——你是爱，是暖，
是希望，你是人间的四月天！

《你是人间的四月天》林徽因

2025 | 6月 | 星期三

11

乙巳年五月十六

抽象的生活只能使精神生活和肉体生活几乎具有相同的意味。为了使精神生活活泼有趣，必须让肉体同更加具体的东西连在一起。

《阿波罗之杯》

【日本】三岛由纪夫

2025 | 6月 | 星期四

12

乙巳年五月十七

幸福的奥秘在于：

让你的兴趣尽量广泛，对你关心的人与事表达出更多友善，而不是敌意。

《幸福之路》

【英国】伯特兰·阿瑟·威廉·罗素

The kind that makes for happiness is the kind that likes to observe people and finds pleasure in their individual traits, that wishes to afford scope for the interests and pleasures of those with whom it is brought into contact without desiring to acquire power over them or to secure their enthusiastic admiration.

2025 | 6月 | 星期五

13

乙巳年五月十八

减轻思想负担、让自己的心情变得更加**愉悦**，这才是真正的**革命**，只要能做到这一点，任何难题都会迎刃而解。

《女生徒》

【日本】太宰治

2025 | 6月 | 星期六

14

乙巳年五月十九

那暮景流光，
岂不是时光流逝的象征吗？

《雪国》【日本】川端康成

2025 | 6月 | 星期日

15

父亲节

乙巳年五月二十

我买几个橘子去，
你就在此地，不要走动。

《背影》
朱自清

2025 | 6月 | 星期一

16

乙巳年五月廿一

我深深爱上了我的漂亮，
我钟情于自己，
别人的爱不会使我如此欢畅。

I burn for mine own charms with such a fire,
Methinketh that I ne'er
Of other love shall reck or have desire.

《十日谈》
【意大利】乔石尼 · 薄伽丘

2025 | 6月 | 星期二

17

乙巳年五月廿二

哲学的思维
则取决于对认识可能性问题的态度。

《现象学的观念》
【德国】埃德蒙德·胡塞尔

The philosophical mindset depends on the attitude towards the issue of epistemological possibility.

2025 | 6月 | 星期三

18

乙巳年五月廿三

恋爱，是人生最难上的一所学校。

Love is a most difficult school of life!

《奥勃洛摩夫》

【俄国】伊万·安德烈耶维奇·冈查洛夫

2025 | 6月 | 星期四

19

乙巳年五月廿四

从未拥有的人，我无法怀念。

I can't miss what I've never had.

《最好的决定》

【美国】梅根 · 多姆（编）

2025 | 6月 | 星期五

20

乙巳年五月廿五

我相信，总有些人会渴望有趣的事情，讨厌呆板无趣的生活。
假如我有什么特殊之处，那就是：这是我对生活主要的要求。

《有关“给点气氛”》王小波

2025 | 6月 | 星期六

21

夏至

乙巳年五月廿六

登台长早下台迟，移遍胡床无处移。
不是清凉罢挥扇，自缘手倦歇些时。

《夏至后初暑登连天观》

【南宋】杨万里

2025 | 6月 | 星期日

22

乙巳年五月廿七

我们社会的突出之处是，
在压倒一切的效率和日益提高的生活水准这
双重的基础上，**利用技术而不是恐怖**
去压服那些离心的社会力量。

《单向度的人》
【美国】赫伯特 · 马尔库塞

Our society distinguishes itself by conquering the centrifugal social forces with Technology rather than Terror, on the dual basis of an overwhelming efficiency and an increasing standard of living.

2025 | 6月 | 星期一

23

乙巳年五月廿八

父亲、子女、兄弟、姊妹等称呼，并不是单纯的荣誉称号，而是代表着完全确定的、异常郑重的相互义务，这些义务的总和构成这些民族的社会制度的实质部分。

《家庭、私有制和国家的起源》

【德国】弗里德里希·恩格斯

The names of father, child, brother and sister are no mere complimentary forms of address; they involve quite definite and very serious mutual obligations which together make up an essential part of the social constitution of the peoples in question.

2025 | 6月 | 星期二

24

乙巳年五月廿九

圣人忘情，最下不及情，情之所钟，正在我辈。

《世说新语》

【南北朝】刘义庆

圣人心涤世外，不涉情，最下之人扰于世，顾不上有情，能情有所钟的，只是我这样的人罢了。

2025 | 6月 | 星期三

25

乙巳年六月初一

世界是什么样子？生活是什么样子？

我的感觉里，除了绵长、无处不在的风，其余都是尘埃，我们在其中奔突，努力站稳，但更多的时候是

东倒西歪，身不由己。

《微尘》陈年喜

2025 | 6月 | 星期四

26

乙巳年六月初二

西方眼中的**普世主义**，
对非西方来说就是**帝国主义**。

《文明的冲突》
【美国】塞缪尔 · 亨廷顿

What is universalism to the West is imperialism to the rest.

2025 | 6月 | 星期五

27

乙巳年六月初三

巴黎没有家宅。
大城市的居民们住在层层叠叠的盒子里。

《空间的诗学》
【法国】加斯东·巴什拉

In Paris there are no houses, and the inhabitants of the big city live in superimposed boxes.

2025 | 6月 | 星期六

28

乙巳年六月初四

真正的幸福之源就是我们自身，如果一个人懂得如何感受幸福，那么旁人便无法真正使之陷入悲惨境地。

《一个孤独漫步者的遐想》

【法国】让·雅克·卢梭

The source of true happiness is within us and that it is not within men's ability to make anyone truly wretched who is determined to be happy.

2025 | 6月 | 星期日

29

乙巳年六月初五

大家以表象论输赢，计较可怜的得失。
人们都被表象上的失败**束缚住了手脚**。

《夜航》

【法国】安托万·德·圣·埃克苏佩里

Appearances decide our gains or losses and the points are trumpery. And a mere semblance of defeat may hopelessly checkmate us.

2025 | 6月 | 星期一

30

乙巳年六月初六

不以一己之利为利，而使天下受其利，
不以一己之害为害，而使天下释其害。

《明夷待访录》

【明】黄宗羲

不要以个人的利益为利益，而要使天下的人都能得到利益；
不要以个人的灾害为害，而要使天下的人都能免除灾害。

2025 | 7月 | 星期二

01

建党节

乙巳年六月初七

操千曲而后晓声，观千剑而后识器。

《文心雕龙》

【南北朝】刘勰

练习很多支乐曲之后才能懂得音乐，
观察过很多柄剑之后才懂得如何识别剑器。

2025 | 7月 | 星期三

02

乙巳年六月初八

上帝借由各种途径使人变得孤独，
好让我们可以走向自己。

《德米安》

【德国】赫尔曼·黑塞

There are many ways in which the god can make us lonely and lead us to ourselves.

2025 | 7月 | 星期四

03

乙巳年六月初九

我夜坐听风，
昼眠听雨，
悟得月如何缺，
天如何老。

《寂寞》戴望舒

2025 | 7月 | 星期五

04

乙巳年六月初十

我还年轻，我还要活下去，我还要征服生活。

我知道生活的激流是不会停止的，且看它把我载到什么地方去！

《家》巴金

2025 | 7月 | 星期六

05

乙巳年六月十一

心之何如，
有似
万丈迷津，
遥亘千里，
其中并无舟子可以渡人，
除了自渡，他人爱莫能助。

《送你一匹马》三毛

2025 | 7月 | 星期日

06

乙巳年六月十二

钱本身是没有价值的，问题在于看你怎么花。钱不属于哪一个人，费尽心思去攒钱是犯不着的。钱仅仅属于命中注定会赚钱会存钱的那些人。

《喧哗与骚动》

【美国】威廉·福克纳

After all, like I say money has no value; it's just the way you spend it. It don't belong to anybody, so why try to hoard it. It just belongs to the man that can get it and keep it.

2025 | 7月 | 星期一

07

小 暑

乙巳年六月十三

倏忽温风至，因循小暑来。
竹喧先觉雨，山暗已闻雷。
户牖深青霭，阶庭长绿苔。
鹰鹯新习学，蟋蟀莫相催。

《咏廿四气诗·小暑六月节》
【唐】元稹

2025 | 7月 | 星期二

08

乙巳年六月十四

这也许是我一生中最好的日子。
你用不着知道恶运几时来临，
不要希企明天，趁今天，**享受了再说。**

《圆舞》亦舒

2025 | 7月 | 星期三

09

乙巳年六月十五

站在痛苦之外规劝受苦的人，是件很容易的事。

《被缚的普罗米修斯》

【古希腊】埃斯库罗斯

It is very easy, with one's foot outside the circle of disaster, to counsel him who dwells within it.

2025 | 7月 | 星期四

10

乙巳年六月十六

没有比脚更长的路，
没有比人更高的山。

《山高路远》汪国真

2025 | 7月 | 星期五

11

乙巳年六月十七

语言的边界就是世界的边界。

The limits of my language mean the limits of my world.

《逻辑哲学论》

【奥地利】路德维希 · 约瑟夫 · 约翰 · 维特根斯坦

2025 | 7月 | 星期六

12

乙巳年六月十八

有时候人被稀薄的倦意包围着，反而有一些安慰。倦意是活物才有的东西，它包围住你了，也是好心告诉你：**你还在人间呢。**

《只要星光还照耀》余秀华

2025 | 7月 | 星期日

13

乙巳年六月十九

人间不会有单纯的快乐，
快乐总夹杂着烦恼和忧虑，

人间也没有永远。

《我们仨》杨绛

2025 | 7月 | 星期一

14

乙巳年六月二十

你隐没在梦中，宛如雪化在火中。

You are hidden in a dream, like snow melting into fire.

《奥菲莉亚》

【法国】阿蒂尔·兰波

2025 | 7月 | 星期二

15

乙巳年六月廿一

一旦思想摆脱死亡，便成为月亮。

月亮超越死亡后，**闪耀**。

《奥义书》

【印度】佚名

When the mind escaped death, it became the moon. The moon, having passed beyond death, shines.

2025 | 7月 | 星期三

16

乙巳年六月廿二

人生天地之间，若白驹之过隙，忽然而已。

《庄子》

【战国】庄子

人生于天地之间，就像白色的骏马在缝隙间飞快地越过，
很快就过一生了。

2025 | 7月 | 星期四

17

乙巳年六月廿三

这世界乃是我的表象。

The world is a presentation to me.

《作为意志和表象的世界》

【德国】阿图尔 · 叔本华

2025 | 7月 | 星期五

18

乙巳年六月廿四

曙光在头上，

不抬起头，便永远只能看见物质的闪光。

《鲁迅杂文集》鲁迅

2025 | 7月 | 星期六

19

乙巳年六月廿五

孩子们的心很柔软，可以被扭曲成任何样子，

而一旦扭曲变硬，就很难复原。

《海边的卡夫卡》

【日本】村上春树

2025 | 7月 | 星期日

20

乙巳年六月廿六

醉过才知酒浓，
爱过才知情重，
你不能做我的诗，
正如我不能做你的梦。

《梦与诗》胡适

2025 | 7月 | 星期一

21

乙巳年六月廿七

人只喜欢计算自己经受了多少痛苦，而不喜欢计算自己得到了多少幸福。可如果公平合理地衡量衡量，那他就会发现，他是痛苦和幸福两者兼而有之。

《地下室手记》

【俄国】费奥多尔·米哈伊洛维奇·陀思妥耶夫斯基

People only like to count their sorrows, they don't count their happinesses. But if they reckoned as they ought to, they would see that everybody gets his share of everything.

2025 | 7月 | 星期二

22

大暑

乙巳年六月廿八

赤日几时过，清风无处寻。
经书聊枕籍，瓜李漫浮沉。
兰若静复静，茅茨深又深。
炎蒸乃如许，那更惜分阴。

《大暑》
【南宋】曾几

2025 | 7月 | 星期三

23

乙巳年六月廿九

我孤独地漫游，如一朵云，
在谷地和群山上高高飘移。

I wandered lonely as a cloud.
That floats on high o'er vales and hills.

《我孤独地漫游，如一朵云》

【英国】威廉·华兹华斯

2025 | 7月 | 星期四

24

乙巳年六月三十

我对她爱憎的情绪就像猫的眼睛那样，
一个晚上　　能变化　　好几次。

《痴人之爱》
【日本】谷崎润一郎

2025 | 7月 | 星期五

25

乙巳年闰六月初一

我们总是东张西望，唯独漏了自己想要的，这就是我们至今难以如愿以偿的原因。

《理想国》

【古希腊】柏拉图

We looked not at what we were seeking, but at what was far off in the distance; and therefore, I suppose, we missed her.

2025 | 7月 | 星期六

26

乙巳年闰六月初二

生活没有意义，除非你赋予它意义。

Life has no meaning unless one gives it meaning.

《存在与虚无》

【法国】让·保罗·萨特

2025 | 7月 | 星期日

27

乙巳年闰六月初三

即使没有月亮，心中也是一片皎洁。

《平凡的世界》路遥

2025 | 7月 | 星期一

28

乙巳年闰六月初四

生活安逸时会做出绝望的诗，
生活窘迫时会不断写出生的喜悦。

《晚年》

【日本】太宰治

2025 | 7月 | 星期二

29

乙巳年闰六月初五

人是为明天活着的，

因为记忆中有**朝阳晓露**。

《她那么看过我》老舍

2025 | 7月 | 星期三

30

乙巳年闰六月初六

己所不欲，勿施于人。

《论语》

【春秋】孔子

自己不愿意做的，不要施加给别人。

2025 | 7月 | 星期四

31

乙巳年闰六月初七

燕雀安知鸿鹄之志。

《史记》

【西汉】司马迁

燕雀怎么能知道鸿鹄的远大志向。

2025 | 8月 | 星期五

01

建军节

乙巳年六月初八

岂曰无衣？与子同袍。
王于兴师，修我戈矛。

《诗经》

谁说我们没衣穿？与你同穿那长袍。
君王发兵去交战，休整我那戈与矛。

2025 | 8月 | 星期六

02

乙巳年闰六月初九

玩人丧德，
玩物丧志。

《尚书》

玩弄他人会丧失德性，玩弄外物会丧失志向。

2025 | 8月 | 星期日

03

乙巳年闰六月初十

修己而不责人，**则免于难。**

《左传》

【春秋】左丘明

自己修身而不责备别人，就能够免于祸难。

2025 | 8月 | 星期一

04

乙巳年闰六月十一

从善如登，从恶如崩

《国语》

【春秋】左丘明

顺随善良像登山一样，顺随恶行像山崩一样。

2025 | 8月 | 星期二

05

乙巳年闰六月十二

生活永远不可能像你想象得那么好，
但也不会像你想象得那么糟。

《一生》【法国】居伊 · 德 · 莫泊桑

Life, after all, is not as good or as bad as we believe it to be.

2025 | 8月 | 星期三

06

乙巳年闰六月十三

这就是世界结束的方式，

并非轰然落幕，而是郁郁而终。

《空心人》

【英国】托马斯·斯特恩斯·艾略特

This is the way the world ends,

Not with a bang but a whimper.

2025 | 8月 | 星期四

07

立秋

乙巳年闰六月十四

碧树萧萧凉气回，一年怀抱此时开。
槿花篱下占秋事，早有牵牛上竹来。

《立秋》

【宋】释道璨

2025 | 8月 | 星期五

08

乙巳年闰六月十五

挂在西边的太阳，从路旁的柳树丛里射过来，仍是火烫烫的，溅到车子上来的泥浆水，打在光腿上也是热乎乎的。

《太阳照在桑干河上》丁玲

2025 | 8月 | 星期六

09

乙巳年闰六月十六

一个不成熟的人的标志是他愿意为了某个理由而轰轰烈烈地死去，而一个成熟的人的标志是他愿意为了某个理由而谦恭地活下去。

《麦田里的守望者》【美国】杰罗姆·大卫·塞林格

The mark of the immature man is that he wants to die nobly for a cause, while the mark of the mature man is that he wants to live humbly for one.

2025 | 8月 | 星期日

10

乙巳年闰六月十七

人性的复杂，在于对取舍的纠缠不清。

《大雪中的山庄》

【日本】东野圭吾

2025 | 8月 | 星期一

11

乙巳年闰六月十八

生活总是让我们遍体鳞伤，但到后来那些受伤的地方一定会变成我们最强壮的地方。

《永别了，武器》

【美国】欧内斯特 · 米勒尔 · 海明威

Life always brings us wounds all over the body.But the wounds will certainly become the greatest strength finally.

2025 | 8月 | 星期二

12

乙巳年闰六月十九

今日一去不复返，若不
吃　它　喝　它　尝　它　闻　它
就永不再有第二次机会了。

《克林索尔的最后夏天》【德国】赫尔曼·黑塞

This day will never come again and anyone who fails to eat and drink and taste and smell it will never have it offered to him again in all eternity.

2025 | 8月 | 星期三

13

乙巳年闰六月二十

太敏感的人会体谅到他人的痛苦，自然就无法轻易做到坦率。

所谓的坦率，其实就是暴力。

《候鸟》

【日本】太宰治

2025 | 8月 | 星期四

14

乙巳年闰六月廿一

语言本身是艺术，不只是工具。
写小说用的语言，文学的语言，不是口头语言，而是书面语言。
是视觉的语言，不是听觉的语言。

《岁朝清供》
汪曾祺

2025 | 8月 | 星期五

15

乙巳年闰六月廿二

所谓的听天由命，
是一种得到证实的绝望。

《瓦尔登湖》

【美国】亨利 · 戴维 · 梭罗

What is called resignation is confirmed desperation.

2025 | 8月 | 星期六

16

乙巳年闰六月廿三

把自己交给他人的眼光去评判，
正是产生不安和怀疑的根源。

《生活在别处》
【捷克】米兰·昆德拉

She handed her body over to the mercy of another's eyes — and that caused her great uncertainty.

2025 | 8月 | 星期日

17

乙巳年闰六月廿四

有两件事我最憎恶：

没有信仰的博才多学

和

充满信仰的愚昧无知。

《生活的准则》

【美国】拉尔夫 · 沃尔多 · 爱默生

There are two things I hate most: without faith to learn and full of faith of ignorance.

2025 | 8月 | 星期一

18

乙巳年闰六月廿五

社会是一个泥坑，我们得站在高地上。

The world is a slough; let us try to live on the heights above it.

《高老头》

【法国】奥诺雷·德·巴尔扎克

2025 | 8月 | 星期二

19

乙巳年闰六月廿六

你不能永远总是对过去发生的事情耿耿于怀，
你应该认识到你与大多数人一样过得很好，
或许还要好很多，那就应该心满意足了。

《长日将尽》

【英国】石黑一雄

One can't be forever dwelling on what might have been. One should realize one has as good as most, perhaps better, and be grateful.

2025 | 8月 | 星期三

20

乙巳年闰六月廿七

结婚仿佛金漆的鸟笼，笼子外面的鸟想住进去，
笼内的鸟想飞出来；
所以结而离，
离而结，没有了局。

《围城》
钱锺书

2025 | 8月 | 星期四

21

乙巳年闰六月廿八

上帝不响

像一切全由我定。

《繁花》金宇澄

2025 | 8月 | 星期五

22

乙巳年闰六月廿九

我走过许多地方的路，
行过许多地方的桥，
看过许多次数的云，
喝过许多种类的酒，
却只爱过一个正当最好年龄的人。

《沈从文家书》
沈从文

2025 | 8月 | 星期六

23

处暑

乙巳年七月初一

尘世未徂暑，山中今授衣。
露蝉声渐咽，秋日景初微。
四海犹多壘，余生久息机。
漂流空老大，万事与心违。

《七月二十四日山中已寒二十九日处暑》

【南宋】张嵲

2025 | 8月 | 星期日

24

乙巳年七月初二

生命也许就是这样，
多一分经验便少一分幻想，
以实际的愉快平衡实际的痛苦。

《离婚》
老舍

2025 | 8月 | 星期一

25

乙巳年七月初三

提升心性
磨炼灵魂

《活法》

【日本】稻盛和夫

2025 | 8月 | 星期二

26

乙巳年七月初四

儿童的世界中蕴含生命的秘密，
它能够**揭开人性的谜团**，
以未知的力量解决成年人遭遇的自身或社会的难题。

《童年的秘密》
【意大利】玛利娅·蒙台梭利

The child held within himself a secret of life, able to lift the veil from the mysteries of the human soul; that he represented an unknown quantity, the discovery of which might enable the adult to solve his individual and social problems.

2025 | 8月 | 星期三

27

乙巳年七月初五

到底什么是**真正的幸福**，我也说不清楚。
其实，无论遇到多么痛苦艰难的事，
只要走在正确的道路上，无论顺境逆境，都能
一步步接近幸福。

《银河铁道之夜》

【日本】宫泽贤治

2025 | 8月 | 星期四

28

乙巳年七月初六

今天不做明天休想成功，每一天都不能白白过去。
能做的就该果断去做，必须及时地抓住机遇，
并且捏紧它小辫儿不放，坚持到底，一定有成绩。

《浮士德》

【德国】约翰 · 沃尔夫冈 · 冯 · 歌德

Brew at it now without delay! To-morrow will not do what is not done to-day. Let not a day be lost in dallying, but seize the possibility right by the forelock, courage rallying, and forth with fearless spirit sallying—Once in the yoke and you are free.

2025 | 8月 | 星期五

29

七夕节

乙巳年七月初七

纤云弄巧，飞星传恨，银汉迢迢暗度。
金风玉露一相逢，便胜却人间无数。
柔情似水，佳期如梦，忍顾鹊桥归路。
两情若是久长时，又岂在朝朝暮暮。

《鹊桥仙 · 纤云弄巧》

【北宋】秦观

2025 | 8月 | 星期六

30

乙巳年七月初八

一个性格完善的人应该永远保持平静坦然的心理，决不能因一时的冲动或突发的欲念而扰乱了自己内心的安宁。

《弗兰肯斯坦》
【英国】玛丽·雪莱

A human being in perfection ought always to preserve a calm and peaceful mind and never to allow passion or a transitory desire to disturb his tranquillity.

2025 | 8月 | 星期日

31

乙巳年七月初九

我的青春是一场晦暗的风暴，星 星 点 点，漏下明晃晃的阳光。雷击雨打造成了如此的残凋，园子里，红色的果实稀 稀 朗　　朗。

《恶之花》
【法国】夏尔·皮埃尔·波德莱尔

When I was young I lived a constant storm,
Though now and then the brilliant suns shot through,
So in my garden few red fruits were born,
The rain and thunder had so much to do.

2025 | 9月 | 星期一

01

乙巳年七月初十

其实在爱情方面，猎物历来都俯拾皆是，但是和我们同步开启人生的人群却逾年渐稀。经历了战争的砍旧伐陈，有的幸存者陷入婚姻的泥淖，有的则被职业生涯摧残得走了样儿。

《爱的荒漠》【法国】弗朗索瓦·莫里亚克

In the preserves of love, there is no shortage of game, but we soon find that the little group of those in whose company we set out grows smaller year by year. Those who had survived the dark violence of the war had either dwindled into husbands or had their natures distorted by the pursuit of a calling.

2025 | 9月 | 星期二

02

乙巳年七月十一

人但知人境中事耳，

人境之外，事有何限？

《梦溪笔谈》

【北宋】沈括

人只不过了解人世间的事情罢了，

人世间之外，无穷无尽的事理又有何极限？

2025 | 9月 | 星期三

03

乙巳年七月十二

愿你的生命有够多的云翳，
来造成一个美丽的黄昏。

《谈生命》

冰心

2025 | 9月 | 星期四

04

乙巳年七月十三

若以色见我，
以音声求我，
是人行邪道，
不能见如来。

《金刚经》

妄想执着看到佛的样子，听到佛的声音，这是世人错误的法门，执着于外相、心外求法，是不能真正见到佛的。

2025 | 9月 | 星期五

05

乙巳年七月十四

真正的力量在你身上，真正的障碍在你心里，只是现在，一切圆满的时机还没有到来而已。

《走出非洲》【丹麦】卡伦·布里克森

The great strength is in you, and the obstacles are within you as well, and the thing is, that the fullness of time has not yet come.

2025 | 9月 | 星期六

06

乙巳年七月十五

人生的道路虽然漫长，
但紧要处常常**只有几步**，
特别是当人年轻的时候。

《创业史》柳青

2025 | 9月 | 星期日

07

白露

乙巳年七月十六

凉风度秋海，吹我乡思飞。
连山去无际，流水何时归。
目极浮云色，心断明月晖。
芳草歇柔艳，白露催寒衣。
梦长银汉落，觉罢天星稀。
含悲想旧国，泣下谁能挥。

《秋夕旅怀》【唐】李白

2025 | 9月 | 星期一

08

乙巳年七月十七

穷则独善其身，
达则兼善天下。

《孟子》
【战国】孟子

一个人在不得志的时候，就要洁身自好，注重提高个人修养；一个人在得志显达的时候，就要想着把善发扬光大。

2025 | 9月 | 星期二

09

乙巳年七月十八

不以物喜，
不以己悲。

《岳阳楼记》

【北宋】范仲淹

不因外物美好而喜悦，

也不因自己失意落魄而悲伤。

2025 | 9月 | 星期三

10

教师节

乙巳年七月十九

博学之 审问之

慎思之 明辨之

笃行之

《中庸》

【战国】子思

2025 | 9月 | 星期四

11

乙巳年七月二十

躁动不安，

来去匆匆，

如时间一般**不可捉摸**。

《带家具出租的房间》【美国】欧·亨利

Restless, shifting, fugacious as time itself.

2025 | 9月 | 星期五

12

乙巳年七月廿一

照片这东西不过是生命的碎壳；
纷纷的岁月已过去，瓜子仁一粒粒咽了下去，滋味各人自己知道，留给大家看的惟有那满地狼藉的黑白的瓜子壳。

《连环套》张爱玲

2025 | 9月 | 星期六

13

乙巳年七月廿二

有学问的人不是处处都有学问，
自满的人则处处自满。

《蒙田随笔》
【法国】米歇尔 · 德 · 蒙田

A learned man is not learned in all things:
but a sufficient man is sufficient throughout.

2025 | 9月 | 星期日

14

乙巳年七月廿三

临渊羡鱼，不如归而结网。

《汉书·董仲舒传》
【东汉】班固

站在水边想得到鱼，不如回家去结网。

2025 | 9月 | 星期一

15

乙巳年七月廿四

人类罪恶的根源只有两种：懒惰与迷信；
美德也只有两种：勤劳与智慧。

《战争与和平》
【俄国】列夫·尼古拉耶维奇·托尔斯泰

There are only two sources of human vice — idleness and superstition, and only two virtues — activity and intelligence.

2025 | 9月 | 星期二

16

乙巳年七月廿五

积善逢善，积恶逢恶。

《喻世明言》【明】冯梦龙

多做善事，就会得到好报；
坏事做多了，会受到惩罚。

2025 | 9月 | 星期三

17

乙巳年七月廿六

家园已在身后，世界尽在眼前。

Home is behind, the world ahead.

《魔戒》

【英国】约翰 · 罗纳德 · 瑞尔 · 托尔金

2025 | 9月 | 星期四

18

乙巳年七月廿七

白日逝去了，如往日那般逝去了。
我消耗了它，以我粗疏羞怯的生活艺术，
温柔地耗尽了它。

《荒原狼》【德国】赫尔曼·黑塞

The day had gone by as days tend to. I had whiled away the hours, gently killing time in the only way I know how to, unworldly and withdrawn as my life is.

2025 | 9月 | 星期五

19

乙巳年七月廿八

当家才知　盐米贵，

养子方知　父母恩。

《增广贤文》

承担了家事才知柴米油盐的价钱有多贵，
有了下一代才能体会到身为父母有多不易。

2025 | 9月 | 星期六

20

乙巳年七月廿九

人们从记忆中产生出经验；
因为对同样事物的多次记忆，
最后产生出关于某一单个经验的能力。
其实，人们是通过经验而获得科学与技艺的。

Now from memory experience is produced in men; for the several memories of the same thing produce finally the capacity for a single experience. And experience seems pretty much like science and art, but really science and art come to men through experience.

《形而上学》【古希腊】亚里士多德

2025 | 9月 | 星期日

21

乙巳年七月三十

人不能两次踏进同一条河流，

因为新水不断流过身旁。

《泰阿泰德》

【古希腊】柏拉图

You cannot step twice into the same river; for fresh waters are ever flowing in upon you.

2025 | 9月 | 星期一

22

乙巳年八月初一

别人笑我太疯癫，
我笑他人看不穿。

《桃花庵歌》
【明】唐寅

世间的人都笑我太癫狂了，我却笑他们都太肤浅。

2025 | 9月 | 星期二

23

秋分

乙巳年八月初二

橘棋留未著，
梅酒快先尝。
野老心如澹，
秋分夜倍凉。

《秋夜·其二》

【明】区越

2025 | 9月 | 星期三

24

乙巳年八月初三

我希望我今天变成火山的口，

热烈烈地冒一次，

什么我都**烧个干净**，

那时我就再掉在冰川里，

冻成死灰，

一生只热热地烧一次，

也就算够了。

《雷雨》曹禺

2025 | 9月 | 星期四

25

乙巳年八月初四

希望是本无所谓有，无所谓无的。
这正如地上的路；
其实地上本没有路，
走的人多了，也便成了路。

《故乡》
鲁迅

2025 | 9月 | 星期五

26

乙巳年八月初五

我们要避免我们的义务与我们的利益发生冲突，避免从别人的灾难中企望自己的幸福。

《忏悔录》【法国】让·雅克·卢梭

We should ever carefully avoid putting our interests in competition with our duty, or promise ourselves felicity from the misfortunes of others.

2025 | 9月 | 星期六

27

乙巳年八月初六

有的事一下子过去了，

有 的 事 情 很 久 也 过 不 去。

《似水流年》

王小波

2025 | 9月 | 星期日

28

乙巳年八月初七

人有所优，固有所劣；
人有所工，固有所拙。

《论衡》
【东汉】王充

每个人都有优点和长处，但也有缺点和不足；
每个人都有自己擅长的一面，但也有不擅长的一面。

2025 | 9月 | 星期一

29

乙巳年八月初八

秋天，无论在什么地方的秋天，总是好的；可是啊，北国的秋，却特别地来得清，来得静，来得悲凉。

《故都的秋》

郁达夫

2025 | 9月 | 星期二

30

乙巳年八月初九

人可以失落一切，

唯独不应该失落自己。

《穆斯林的葬礼》霍达

2025 | 10月 | 星期三

01

国庆

乙巳年八月初十

愿我这涓滴乡土水，

汇归大海洋

《乡土中国》费孝通

2025 | 10月 | 星期四

02

乙巳年八月十一

玉可碎而不可改其白，
竹可焚而不可毁其节。

《三国演义》【明】罗贯中

玉可以被摔碎，但不能改变它洁白的本质；
竹可以被焚烧掉，但毁不掉它的气节。

2025 | 10月 | 星期五

03

乙巳年八月十二

岁月不饶人，
我亦未曾饶过岁月。

《云雀叫了一整天》木心

2025 | 10月 | 星期六

04

乙巳年八月十三

你瞧　这些白云
聚了又散，
散了又聚，
人生离合，
亦复如斯。

《神雕侠侣》金庸

2025 | 10月 | 星期日

05

乙巳年八月十四

每个人都是月亮，
总有一个阴暗面，从来不让人看见。

《赤道环游记》
【美国】马克 · 吐温

Every one is a moon, and has a dark side which he never shows to anybody.

2025 | 10月 | 星期一

06

中秋

乙巳年八月十五

中秋月。

月到中秋偏皎洁。
偏皎洁，知他多少，阴晴圆缺。
阴晴圆缺都休说，且喜人间好时节。
好时节，愿得年年，常见中秋月。

《中秋月》【明】徐有贞

2025 | 10月 | 星期二

07

乙巳年八月十六

没有比漫无目的地徘徊
更令人无法忍受的了。

《奥德赛》
【古希腊】荷马

There is nothing worse than being always ways on the tramp.

2025 | 10月 | 星期三

08

寒露

乙巳年八月十七

秋风萧瑟天气凉，草木摇落露为霜。
群燕辞归燕南翔，念君客游思断肠。

《燕歌行》
【魏】曹丕

2025 | 10月 | 星期四

09

乙巳年八月十八

志之难也，
不在胜人，
在自胜也。

《韩非子》

【战国】韩非

立志困难，不在于胜过别人，而在于战胜自己，克服懦弱懒惰思想。

2025 | 10月 | 星期五

10

乙巳年八月十九

人际关系中的**真实、诚信、正直**对于人生的幸福至关重要。

《富兰克林自传》

【美国】本杰明·富兰克林

Truth,sincerity and integrity in dealings between man and man were of the utmost importance to the felicity of life.

2025 | 10月 | 星期六

11

乙巳年八月二十

批评是无用的，
它激起抵触，让人急于辩白；

批评是危险的，
它伤害自尊，甚至让人萌生恨意。

《人性的弱点》【美国】戴尔·卡耐基

Criticism is futile because it puts a person on the defensive and usually makes him strive to justify himself. Criticism is dangerous, because it wounds a person's precious pride, hurts his sense of importance, and arouses resentment.

2025 | 10月 | 星期日

12

乙巳年八月廿一

世界上只有一种真正的**英雄主义**，
那就是在认清生活的真相后依然热爱生活。

《米开朗基罗传》【法国】罗曼 · 罗兰

There is only one heroism in the world: to see the world as it is, and to love it.

2025 | 10月 | 星期一

13

乙巳年八月廿二

眼睛为她下着雨，
心却为她打着伞，
这就是爱情。

《吉檀迦利》

【印度】拉宾德拉纳特·泰戈尔

Eyes are raining for her, heart is holding umbrella for her, this is love.

2025 | 10月 | 星期二

14

乙巳年八月廿三

上天让我们习惯各种事物，
就是用它来代替幸福。

《叶甫盖尼·奥涅金》
【俄国】亚历山大·谢尔盖耶维奇·普希金

Habit is heaven's gift to us: a substitute for happiness.

2025 | 10月 | 星期三

15

乙巳年八月廿四

每一个
不曾起舞的日子
都是对生命的辜负。

《查拉图斯特拉如是说》

【德国】弗里德里希·威廉·尼采

And lost be the day to us in which a measure hath not been danced.

2025 | 10月 | 星期四

16

乙巳年八月廿五

多少人爱过你昙花一现的身影，
爱过你的美貌，以虚伪或真情，
惟独一人曾爱你那朝圣者的心，
爱你哀戚的脸上岁月的留痕。

《当你老了》

【爱尔兰】威廉·巴特勒·叶芝

How many loved your moments of glad grace, And loved your beauty with love false or true, But one man loved the pilgrim Soul in you , And loved the sorrows of your changing face.

2025 | 10月 | 星期五

17

乙巳年八月廿六

光阴可惜，
譬诸逝水。

《颜氏家训》

【南北朝】颜之推

光阴似箭，应该珍惜，它像流水一样，一去不复还。

2025 | 10月 | 星期六

18

乙巳年八月廿七

青少年时期我们总梦想着离开父母的一天而改天却换成父母离开我们了于是我们就只能梦想着能否有一时片刻重新变回寄居父母屋檐下的孩子能抱抱他们不害羞地告诉他们我们爱他们为了让自己安心而紧紧依偎在他们身边。

《偷影子的人》【法国】马克·李维

Throughout adolescence, you dream of leaving your parents behind one day; later, your parents are the ones leaving you behind. And then your only dream is being able, even for a moment, to turn back into the child who lived under their roof, to take them in your arms, to tell them without shame that you love them, to huddle against them so that they can reassure you once again.

2025 | 10月 | 星期日

19

乙巳年八月廿八

大多数人仿佛一片落叶，在空中翻滚、飘摇，最后踉跄着归于尘土。

有的人，极少数，如同天际之星，沿着固定的轨迹运行。

没有风能动摇他，他内心自有律法和轨道。

《悉达多》【德国】赫尔曼·黑塞

Most people are like a falling leaf, which is blown and is turning around through the air, and wavers, and tumbles to the ground. But others, a few, are like stars, they go on a fixed course, no wind reaches them, in themselves they have their law and their course.

2025 | 10月 | 星期一

20

乙巳年八月廿九

君子修道立德，
不谓穷困而改节。

《孔子家语》
【春秋】孔子

君子修养道德，确立操守，不因为困窘而改变其志向节操。

2025 | 10月 | 星期二

21

乙巳年九月初一

醉里乾坤大，
壶中日月长。

《水浒传》

【明】施耐庵

酒中（喝醉）有另外一个世界，酒会让你到体验到另外不同的境界。

2025 | 10月 | 星期三

22

乙巳年九月初二

眼前路都是从过去的路生出来的，

你走两步，

回头看看

一定不会错了。

《老残游记》刘鹗

2025 | 10月 | 星期四

23

霜降

乙巳年九月初三

老树转斜晖，人家水竹围。
露深花气冷，霜降蟹膏肥。
沽酒心何壮，看山思欲飞。
操舟有吴女，双桨唱新归。

《舟中杂纪 其十》【元】王冕

2025 | 10月 | 星期五

24

乙巳年九月初四

心似白云常自在，意如流水任东西。

《封神演义》
【明】许仲琳

随心所欲，自由自在，无拘无束，人心不为外物所拘，顺应自然。

2025 | 10月 | 星期六

25

乙巳年九月初五

当四月的甘霖渗透了三月枯竭的根须，
沐濯了丝丝茎络，触动了生机，
便枝头涌现出花蕾。

《坎特伯雷故事集》【英国】杰弗里·乔叟

When in April the sweet showers fall
And pierce the drought of March to the root, and all
The veins are bathed in liquor of such power
As brings about the engendering of the flower

2025 | 10月 | 星期日

26

乙巳年九月初六

滥交朋友，

不如终日读书。

《围炉夜话》

【清】王永彬

与其交往不正派、品行不好的朋友，还不如整天读书来得更好。

2025 | 10月 | 星期一

27

乙巳年九月初七

灵魂选择她自己的侣伴——

然后，**关上门**——

忠于内心神圣的选择。

《灵魂选择她自己的伴侣》

【美国】艾米莉·狄金森

The Soul selects her own Society

Then — shuts the Door

To her divine Majority

2025 | 10月 | 星期二

28

乙巳年九月初八

用赏贵信，
用刑贵正。

《鬼谷子》

【春秋】鬼谷子

运用奖赏，最重要的是守信用；
运用刑罚，最重要的是公正。

2025 | 10月 | 星期三

29

乙巳年九月初九

江涵秋影雁初飞，与客携壶上翠微。
尘世难逢开口笑，菊花须插满头归。
但将酩酊酬佳节，不用登临恨落晖。
古往今来只如此，牛山何必独沾衣？

《九日齐山登高》

【唐】杜牧

2025 | 10月 | 星期四

30

乙巳年九月初十

闭门即是深山，
读书随处净土。

《小窗幽记》
【明】陈继儒

关起房门，使自己的心灵不受尘世的污染，如住在深山之中；饱读诗书，使自己的心灵纯洁，世间处处都是净土。

2025 | 10月 | 星期五

31

乙巳年九月十一

我们已经意识到：

人只要屈服，就能躲避打击，忍受恐惧。

《西线无战事》

【德国】埃里希 · 玛丽亚 · 雷马克

I soon found out this much:terror can be endured so long as a man simply ducks.

2025 | 11月 | 星期六

01

乙巳年九月十二

天地有万古，此身不再得；
人生只百年，此日最易过。

《菜根谭》

【明】洪应明

天地万古长存，可是人死了就不会再复活；
人的寿命最多百年左右，但一天很容易就过去了。

2025 | 11月 | 星期日

02

乙巳年九月十三

人人有权争胜负，

无人有权论是非。

《巴巴拉少校》

【爱尔兰】乔治·伯纳德·萧

People may differ about matters of opinion,or even about religion; but how can they differ about right and wrong?

2025 | 11月 | 星期一

03

乙巳年九月十四

好饭耐不得三顿吃，
好衣架不住半月穿，
好书却经得住一辈子读。

《白鹿原》陈忠实

2025 | 11月 | 星期二

04

乙巳年九月十五

我们没有理由要期待一个受过教育的人比一个没有受过教育的人，或者一个聪明人比一个愚蠢的人，在道德上更为优越。

《西方哲学史》

【英国】伯特兰·阿瑟·威廉·罗素

There is no reason to expect an educated man to be morally better than an uneducated man, or a clever man than a stupid man.

2025 | 11月 | 星期三

05

乙巳年九月十六

大学之道，

在明明德，

在亲民，在止于至善。

《大学》

大学的宗旨在于弘扬光明正大的品德，在于使人弃旧图新，在于使人达到最完善的境界。

2025 | 11月 | 星期四

06

乙巳年九月十七

盛年不重来，一日难再晨。及时当勉励，岁月不待人。

《杂诗十二首 · 其一》
【东晋】陶渊明

美好的青春岁月一旦过去便不会再重来，一天之中永远看不到第二次日出。应当趁年富力强之时勉励自己努力奋斗，光阴流逝，并不会等待人。

2025 | 11月 | 星期五

07

立冬

乙巳年九月十八

室小才容膝，墙低仅及肩。
方过授衣月，又遇始裘天。
寸积篝炉炭，铢称布被绵。
平生师陋巷，随处一欣然。

《立冬日作》
【南宋】陆游

2025 | 11月 | 星期六

08

乙巳年九月十九

醒来吧，起来吧，
否则将永远沉沦。

《失乐园》
【英国】约翰·弥尔顿

Awake, arise, or be forever fallen.

2025 | 11月 | 星期日

09

乙巳年九月二十

我们大体上了解身体上的疾病是怎样产生的
可是精神上的疾病却来自糟糕的教育
来自从小就塞满人们脑袋的各种胡言乱语，
总而言之，来自丑恶的社会状况。

《父与子》
【俄国】伊凡 · 谢尔盖耶维奇 · 屠格涅夫

We know approximately the causes of bodily ailments, and moral diseases come from bad education, from all kinds of rubbish people's heads have been crammed with since childhood — in a word, from the shameful state of society.

2025 | 11月 | 星期一

10

乙巳年九月廿一

各色人等，每一个人，

不管选择与 否，

在世上都有自己的位

置，

都有自己的价值所 在。

《红字》【美国】纳撒尼尔·霍桑

All sorts of persons, and every individual, has a place to fill in the world, and is important in some respects, whether he chooses to be so or not.

2025 | 11月 | 星期二

11

乙巳年九月廿二

与梦想中的爱比较起来，切实的**爱**是一件严酷和令人生畏的事情。

《卡拉马佐夫兄弟》

【俄国】费奥多尔 · 米哈伊洛维奇 · 陀思妥耶夫斯基

Active love is a harsh and fearful thing compared with love in dreams.

2025 | 11月 | 星期三

12

乙巳年九月廿三

是轻松 **说实话**，愉快的事。

《大师和玛格丽特》
【俄国】米哈伊尔·阿法纳西耶维奇·布尔加科夫

To speak the truth is easy and pleasant.

2025 | 11月 | 星期四

13

乙巳年九月廿四

老好人最像的是天上的神。
第一适合对其讲述欢喜，
第二适合与之倾诉不幸，
第三是可有可无。

《罗生门》

【日本】芥川龙之介

2025 | 11月 | 星期五

14

乙巳年九月廿五

表面是清晰明了的谎言，
背后却是晦涩难懂的真相。

《不能承受的生命之轻》

【捷克】米兰 · 昆德拉

On the surface, an intelligible lie; underneath, the unintelligible truth.

2025 | 11月 | 星期六

15

乙巳年九月廿六

世界上有这样一些幸福的人，他们把自己的痛苦化作他人的幸福，他们挥泪埋葬了自己在尘世间的希望，它却变成了种子，长出鲜花和香膏，为孤苦伶仃的苦命人医治创伤。

《汤姆叔叔的小屋》【美国】哈丽叶特·比切·斯托

There are in this world blessed souls, whose sorrows all spring up into joys for others; whose earthly hopes, laid in the grave with many tears, are the seed from which spring healing flowers and balm for the desolate and the distressed.

2025 | 11月 | 星期日

16

乙巳年九月廿七

自然也把一切东西分解为它们的原初物体，没有什么东西曾彻底消失毁灭。

《物性论》

【古罗马】提图斯 · 卢克莱修 · 卡鲁斯

Although nature resolves everything into its constituent particles, she never annihilates anything.

2025 | 11月 | 星期一

17

乙巳年九月廿八

月光如流水一般，静静地泻在这一片叶子和花上。薄薄的青雾浮起在荷塘里。叶子和花仿佛在牛乳中洗过一样；又像笼着轻纱的梦。

《荷塘月色》
朱自清

2025 | 11月 | 星期二

18

乙巳年九月廿九

人最宝贵的东西是生命，生命对于每个人来说只有一次。
一个人的一生应该是这样度过的：当他回首往事的时候，他不会因为虚度年华而悔恨，也不会因为碌碌无为而羞耻！

《钢铁是怎样炼成的》

【俄国】尼古拉·阿列克谢耶维奇·奥斯特洛夫斯基

Man's dearest possession is life. It is given to him but once, and he must live it so as to feel no torturing regrets for wasted years, never know the burning shame of a mean and petty past.

2025 | 11月 | 星期三

19

乙巳年九月三十

在生命的某一时刻我们能以相同的意识想起自己在不同时期经历的其他时刻，并感知到这些时刻都是同一个人的历史的一部分。

《实用主义》

【美国】威廉·詹姆士

At one moment of life we remember other moments, and feel them all as parts of one and the same personal history.

2025 | 11月 | 星期四

20

乙巳年十月初一

总有些事是你该做却没做，
过后却一直耿耿于怀的。

《岔路口感伤记》

【美国】欧内斯特·米勒·海明威

It was just one of those things that you omit to do and that stay with you.

2025 | 11月 | 星期五

21

乙巳年十月初二

仰观宇宙之大，俯察品类之盛，所以游目骋怀，足以极视听之娱，信可乐也。

《兰亭集序》

【东晋】王羲之

抬头纵观广阔的天空，俯瞰观察大地上繁多的万物，用来舒展眼力，开阔胸怀，足够来极尽视听的欢娱，实在很快乐。

2025　11月　星期六

22

小雪

乙巳年十月初三

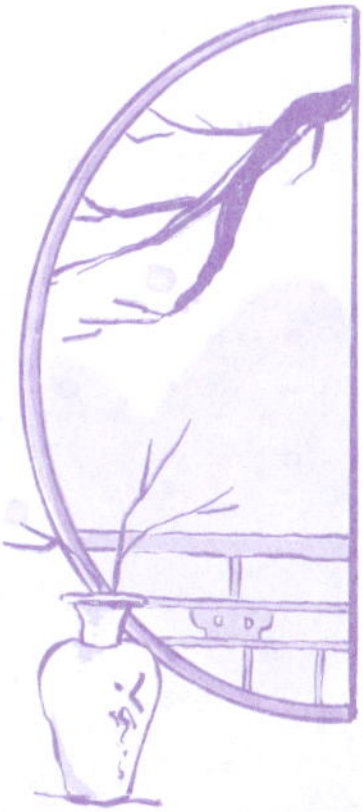

花雪随风不厌看，
更多还肯失林峦。
愁人正在书窗下，
一片飞来一片寒。

《小雪》
【唐】戴叔伦

2025 | 11月 | 星期日

23

乙巳年十月初四

一个假日的最好时刻

也许不是躺下休息，

而是去看看其他人忙着干活。

《柳林风声》

【英国】肯尼斯·格雷厄姆

After all, the best part of a holiday is perhaps not so much to be resting yourself, as to see all the other fellows busy working.

2025 | 11月 | 星期一

24

乙巳年十月初五

实用的态度 以善为最高目的，

科学的态度 以真为最高目的，

美感的态度 以美为最高目的。

《谈美》朱光潜

2025 | 11月 | 星期二

25

乙巳年十月初六

从前的日色变得慢，
车、马、邮件都慢，
一生只够爱一个人。

《从前慢》木心

2025 | 11月 | 星期三

26

乙巳年十月初七

这是一沟绝望的死水，
清风吹不起半点涟漪。

《死水》闻一多

2025 | 11月 | 星期四

27

乙巳年十月初八

人生不过是重复满足不断膨胀的欲望，
灵魂只不过是维持爱情圣火的守灶女神。

《茶花女》

【法国】亚历山大·小仲马

Existence becomes nothing more than the repeated fulfillment of a continuing desire; the soul is nothing but the vestal virgin charged with maintaining the sacred fire of love.

2025 | 11月 | 星期五

28

乙巳年十月初九

天行健，君子以自强不息；

地势坤，君子以厚德载物。

《周易》

天的运动刚强劲健，君子处事应像天一样，自我力求进步，刚毅坚卓，发奋图强，永不停息；大地的气势厚实和顺，君子应增厚美德，容载万物。

2025 | 11月 | 星期六

29

乙巳年十月初十

遭受现代知性享乐的毒害，
人性的趣味被向往个性的趣味所置换，
美的观念失去了普遍性。

《禁色》

【日本】三岛由纪夫

2025 | 11月 | 星期日

30

乙巳年十月十一

百病必先治其本，后治其标。

《本草纲目》

【明】李时珍

治疗疾病时首先要找到疾病的根本原因，然后针对根本原因进行治疗，最后再处理疾病的表现症状。

2025 | 12月 | 星期一

01

乙巳年十月十二

凌晨四时醒来，

却见海棠花未眠。

《花未眠》

【日本】川端康成

2025 | 12月 | 星期二

02

乙巳年十月十三

咱们不敢主观主义，

不要以为咱们没有发现问题就算没有问题。

《李有才板话》

赵树理

2025 | 12月 | 星期三

03

乙巳年十月十四

古今之成大事业、大学问者，必经过三种之境界：

“昨夜西风凋碧树，独上高楼，望尽天涯路。”
此第一境也；
“衣带渐宽终不悔，为伊消得人憔悴。”
此第二境也；
“众里寻他千百度，回头蓦见，
那人正在、灯火阑珊处。”
此第三境也。

《人间词话》王国维

2025 | 12月 | 星期四

04

乙巳年十月十五

投之亡地然后存，
陷之死地然后生。

《孙子兵法》
【春秋】孙武

到了灭亡的地方，然后能够得到生存；
陷入必死的境地，然后能够得到生路。

2025 | 12月 | 星期五

05

乙巳年十月十六

山高自有客行路，
水深自有渡船人。

《西游记》

【明】吴承恩

山再高也有攀山走路的人，
水再深也有乘船渡江的人。

2025 | 12月 | 星期六

06

乙巳年十月十七

黑夜给了我一双黑色的眼睛，
我却用它来寻找光明。

《一代人》
顾城

2025 | 12月 | 星期日

07

大雪

乙巳年十月十八

狂风昨夜吼棱棱，
寒压重衾若覆冰。
节气今朝逢大雪，
清晨瓦上雪微凝。

《十一月朔大雪节早见雪》
【明】陶宗仪

2025 | 12月 | 星期一

08

乙巳年十月十九

任何一种环境或一个人，初次见面就预感到离别的隐痛时，你必定是**爱上他了**。

《沿着塞纳河到翡冷翠》

黄永玉

2025 | 12月 | 星期二

09

乙巳年十月二十

一个犹豫不决的灵魂，奋起抗击无穷的忧患，
而内心又矛盾重重，真实生活就是如此。

《尤利西斯》

【爱尔兰】詹姆斯 · 乔伊斯

A hesitating soul taking arms against a sea of troubles, torn by conflicting doubts, as one sees in real life.

2025 | 12月 | 星期三

10

乙巳年十月廿一

救寒莫如重裘，
止谤莫如自修。

《资治通鉴》

【北宋】司马光

御寒没有比厚皮衣更好的东西，

避免别人毁谤没有比自己养成良好习性更好的办法。

2025 | 12月 | 星期四

11

乙巳年十月廿二

人无善志，
虽勇必伤。

《淮南子》【西汉】刘安

人没有好的志向，即使勇敢，也一定会受到伤害。

2025 | 12月 | 星期五

12

乙巳年十月廿三

世界是我的食物。
人只用少量时间进食，大部分时间在消化，
独处就是我在**消化世界**。

《人与永恒》周国平

2025 | 12月 | 星期六

13

乙巳年十月廿四

但立直标，终无曲影。

《旧唐书》【五代】刘昫

只要树立的是一根笔直的标杆，就不会有弯曲的影子。

2025 | 12月 | 星期日

14

乙巳年十月廿五

你站在桥上看风景，看风景的人在楼上看你。

**明月装饰了你的窗子，
你装饰了别人的梦。**

《断章》

卞之琳

2025 | 12月 | 星期一

15

乙巳年十月廿六

常言说，痛苦使人高贵，这不对；让人行动高尚的，有时是自满得意；而痛苦，往往使人变得心胸狭窄，充满仇恨。

《月亮与六便士》

【英国】威廉·萨默塞特·毛姆

It is not true that suffering ennobles the character; happiness does that sometimes, but suffering, for the most part, makes men petty and vindictive.

2025 | 12月 | 星期二

16

乙巳年十月廿七

我只是个戏子，

永远在别人的故事里，
流着自己的泪。

《戏子》
席慕容

2025 | 12月 | 星期三

17

乙巳年十月廿八

冬天已经到了，

春天还会远吗？

If Winter comes , can Spring be far behind?

《西风颂》

【英国】珀西 · 比希 · 雪莱

2025 | 12月 | 星期四

18

乙巳年十月廿九

不要指着月亮起誓，
它是变化无常的，每个月都有盈亏圆缺；
你要是指着它起誓，也许你的爱情也会像它一样无常。

《罗密欧与朱丽叶》
【英国】威廉·莎士比亚

O, swear not by the moon, th' inconstant moon,
That monthly changes in her circled orb,
Lest that thy love prove likewise variable.

2025 | 12月 | 星期五

19

乙巳年十月三十

凡事得之可喜，失之可忧，
所以在今天高兴的时候，不要忘了他日之忧。

《劝学篇》

【日本】福泽谕吉

2025 | 12月 | 星期六

20

乙巳年冬月初一

只有沽名钓誉，妄自尊大、腹中空空、嫉妒成性的人才会妄想使别人相信：研究和认识自然的途径只有一条，只有傻瓜和没头脑的人才会相信这一点。

《论原因、本原与太一》

【意大利】乔尔丹诺 · 布鲁诺

For it is a sign of an ambitious, presumptuous, envious and vain mind to wish to persuade others that there is only one way to investigate and to attain knowledge of nature, and it is the sign of a madman or man without reason to believe that this way lies within himself alone.

2025 | 12月 | 星期日

21

冬至

乙巳年冬月初二

邯郸驿里逢冬至，抱膝灯前影伴身。
想得家中夜深坐，还应说着远行人。

《邯郸冬至夜思家》
【唐】白居易

2025 | 12月 | 星期一

22

乙巳年冬月初三

视他人之凝目如盏盏鬼火，
大胆地去走你的夜路。

《病隙碎笔》史铁生

2025 | 12月 | 星期二

23

乙巳年冬月初四

人生在勤，不索何获。

《后汉书》

【南北朝】范晔

人的一生在于勤奋，倘若不努力探索，哪会有收获。

2025 | 12月 | 星期三

24

乙巳年冬月初五

卑鄙是卑鄙者的通行证，
高尚是高尚者的墓志铭。

《回答》
北岛

2025 | 12月 | 星期四

25

乙巳年冬月初六

世界上再也没有比欢笑和快乐
更能传染、更无法抵抗的了。

《圣诞颂歌》

【英国】查尔斯·狄更斯

There is nothing in the world so irresistibly contagious as laughter and good-humour.

2025 | 12月 | 星期五

26

乙巳年冬月初七

如果我的心是一朵莲花，
正中擎出一枝点亮的蜡，
荧荧虽则单是那一剪光，
我也要它骄傲的捧出辉煌。

《莲灯》
林徽因

2025 | 12月 | 星期六

27

乙巳年冬月初八

福来有由，
祸来有渐。

《三国志》

【西晋】陈寿

福气降临是有原由的。灾祸的降临，是逐渐发展来的。

福祸之事往往有其缘由和过程，不是突然而至的。

2025 | 12月 | 星期日

28

乙巳年冬月初九

她感觉到这孜孜为利的人群在奔流，感觉到自己孤苦无依，并不十分懂得她自己原是沧海中的一粟。

《嘉莉妹妹》

【美国】西奥多·德莱赛

She felt the flow of the tide of effort and interest —felt her own helplessness without quite realising the wisp on the tide that she was.

2025 | 12月 | 星期一

29

乙巳年冬月初十

他看出人生是一场不停的、无情的战斗，要做一个名副其实的人，就应该经常和成千上万的无形敌人作斗争：要击退自然的伤害力，乱七八糟的欲望，见不得人的思想。这些阴险的敌人把你

推向堕落，推向毁灭。

《约翰·克里斯朵夫》【法国】罗曼·罗兰

He saw that life was a battle without armistice, without mercy, in which he who wishes to be a man worthy of the name of a man must forever fight against whole armies of invisibleenemies; against the murderous forces of Nature, uneasydesires, dark thoughts, treacherously leading him to degradation and destruction.

2025 | 12月 | 星期二

30

乙巳年冬月十一

没有不曾发生过的事，将要发生的事，只不过是被遗忘的日子蓦然间闪亮。

《丛林之书》

【英国】约瑟夫·鲁德亚德·吉卜林

What is has been. What will be is no more than a forgotten year striking backward.

2025 | 12月 | 星期三

31

乙巳年冬月十二

我要你知道，在这个世界上总有一个人是等着你的，不管在什么时候，不管在什么地方。反正你知道，

总有这么个人。

《半生缘》

张爱玲

阅·历：用阅读战胜时间

编者 _ 李蕾

产品经理 _ 秦彬彧　　装帧设计 _ 于欣　　产品总监 _ 余雷

技术编辑 _ 顾逸飞　　责任印制 _ 杨景依　　出品人 _ 贺彦军

果麦

www.guomai.cn

以 微 小 的 力 量 推 动 文 明

图书在版编目（CIP）数据

阅·历 ：用阅读战胜时间 / 李蕾编著. -- 天津 ：天津古籍出版社，2024. 11. -- ISBN 978-7-5528-1506-1

Ⅰ. H033

中国国家版本馆CIP数据核字第20246T7B80号

阅·历 ：用阅读战胜时间

YUE·LI: YONGYUEDUZHANSHENGSHIJIAN

产品经理：秦彬彧
责任编辑：金　达
装帧设计：于　欣

出版发行：天津古籍出版社
天津市西康路35号　邮政编码：300051
印　　刷：河北尚唐印刷包装有限公司
经　　销：全国新华书店发行
版　　次：2024年11月第1版　2024年11月第1次印刷
印　　数：1-5,000
开　　本：880mm×1230mm　1/48
印　　张：$15^1/_3$
字　　数：20千字
定　　价：98.00元